KB206579

설명

설명
EXPLANATION

여영서, 이영의, 전영삼, 최원배 지음

서광사

설명

여영서, 이영의, 전영삼, 최원배 지음

펴낸이 | 이숙
펴낸곳 | 도서출판 서광사
출판등록일 | 1977. 6. 30.
출판등록번호 | 제 406-2006-000010호

(10881) 경기도 파주시 회동길 77-12 (문발동)
대표전화 (031) 955-4331 팩시밀리 (031) 955-4336
E-mail : phil6161@chol.com
http : //www.seokwangsa.co.kr | http : //www.seokwangsa.kr

제1판 제1쇄 펴낸날 — 2022년 8월 10일
제1판 제2쇄 펴낸날 — 2023년 12월 30일

ISBN 978-89-306-2384-1   93160

우리들의 스승
이초식, 여훈근 선생님께
이 책을 바칩니다.

"왜?"라는 질문에 대한 답변으로 볼 수 있는 설명은 과학철학의 핵심 주제 중 하나이다. 설명을 통해 우리는 사회현상과 자연현상을 이해하고, 과학은 가장 대표적이고 모범적인 설명의 사례를 제시하기 때문이다. 설명에 관한 철학적 연구는 특히 법칙, 인과, 확률 등과 긴밀하게 관련되어 탐구되어 왔고, 현대 과학철학자들은 설명이 갖춰야 할 필수 조건을 중심으로 설명의 본질을 밝히려 연구해 왔다. 이에 설명에 관한 현대 과학철학자들의 연구 성과를 쉽고 명확하게 소개하는 것이 이 책의 목표이다.

이 책은 『입증』(2018)과 『인과』(2020)에 이은 세 번째 공동 연구의 결과이다. 현대 과학철학은 설명과 입증, 그리고 인과에 대한 이해를 출발점으로 삼기에 우리의 연구 결과는 현대 과학철학을 흥미롭게 공부할 수 있는 나침반이 될 수 있을 것이다. 대부분의 과학철학 개론서가 주제별로 한두 개 이론만 간략하게 소개하는 것과 달리 우리의 연구 결과는 설명과 입증, 그리고 인과 각각의 주제별로 전체적인 지형도를 그린다. 그만큼 과학철학의 구체적인 논의 내용을 체계적으로 파악하기가 쉬울 것이다. 더욱 전문적인 내용에 관심을 갖는 사람이라면 각 장 끝에 소개해 놓은 관련 문헌을 참고하길 바란다.

우리는 2021년 4월의 기획 회의를 통해 설명에 관한 현대 과학철학의 연구 성과를 소개하기로 정했다. 이후, 설명에 대한 주요 이론을 다섯 개로 분류하여, 1장의 서론과 4장의 화용론적 설명 이론은 여영서, 2장의 포괄법칙 설명 모형은 최원배, 3장의 통계 연관적 설명 모형과 인과 메커니즘적 설명 모형은 전영삼, 5장의 통합적 설명 모형과 6장의 남은 문제와 전망은 이영의가 맡아 쓰기로 했다. 2021년 7월부터 10월까지 4회에 걸쳐 초고에 대한 검토 회의를 했고 그 후 2022년 2월까지 총 3회의 전체 원고 검토 회의를 했다. 마지막 두 차례 회의에는 박일호, 김동현, 정재민이 함께 참석하여 전체 원고에 대한 상세한 검토 의견을 나눴고, 이후에도 여러 차례 수정 작업을 거쳤다. 전체적인 편집자 역할은 최원배와 여영서가 맡았다. 매번 온라인 회의를 하게 되어 회의 날짜를 잡기가 용이했고, 이 책의 공동저자 네 명은 헴펠의 『과학적 설명의 여러 측면 1, 2』(2011)을 함께 번역한 적이 있어 모든 일을 빠르게 진행할 수 있었다.

꼼꼼하게 전체 원고를 읽고 검토해 준 박일호, 김동현, 정재민 선생님께 감사드린다. 끝으로 우리의 책을 출판해 준 서광사에 감사의 말씀을 드린다.

2022년 3월
여영서

차례

1

과학적 설명

1.1 XAI와 설명

왜 스테이크는 강한 불에 구워야 맛있을까? 고속도로는 왜 갑자기 막힐까? 이런 일상의 궁금함을 해소하기 위해 우리는 설명을 요청한다. 설명은 과학에서도 요청된다. 왜 사치품은 비쌀수록 더 잘 팔릴까? 뜨거운 물에 집어넣은 수은 온도계의 수은주는 왜 일시적으로 내려갔다가 다시 올라갈까? 왜 북극의 빙하는 최근에 급격하게 녹을까? 이와 같은 사회현상과 자연현상은 과학적 탐구 대상이 되었고, 과학자는 그 현상의 발생 원인을 탐구하여 설명하면서 과학적 지식을 탄생시켰다. 설명을 통해 우리는 세상을 이해한다.

최근의 인공지능 연구가 목표로 하는 XAI, 즉 설명 가능한 인공지능(eXplainable AI)에서도 설명의 역할을 찾아볼 수 있다. XAI는 단지 예측하고 판단하는 인공지능이 아니라 그 예측과 판단의 근거를 설명하는 인공지능이다. 예를 들어, 인공지능이 사진 속 대상을 고양이라고 판단하면, XAI는 사진 속 대상이 특정 종류의 털, 수염, 발톱을 지녔다는 점을 밝혀 그 판단 근거까지 설명할 수 있도록 한다. 특정 개인이 범죄를 저지를 위험성이 있는지를 판단해야 하는 경우나 의료, 보험, 금융 등의 분야에서 특정 행위의 안전성을 판단해야 하는 경우, 우리는 그에 대한 인공지능의 예측과 판단이 공정한 것인지, 신뢰할 수 있는 것인지를 알고자 한다. 바로 그것을 판가름하는 데 도움이 되도록 XAI의 예측과 판단에 대해 설명이 제공될 수 있는 것인지를 따져보겠다는 것이다. 설명할 수 있다는 것은 그 예측과 판단이 제대로 된 이해를 기반으로 제시되었다는 것을 증명하기 때문이다.

현대 철학에서도 설명의 역할이 주목받고 있다. 설명이 추론의 근거 역할을 할 수 있다는 설명주의의 입장에 따르면, 옳은 가설을 추론하기 위해서는 가설을 뒷받침하는 증거가 무엇인지를 살피는 것 이외에도 가설이 얼마나 그럴듯한 설명을 제시할 수 있는지가 중요한 역할을 한다. 제일 좋은 설명 추론 또는 최선의 설명에로의 추론(IBE, Inference to the Best Explanation)을 추론의 방법으로 삼는 설명주의는 가설이 단순히 참이 될 확률보다는 가설이 얼마나 아름다운 설명을 제시할 수 있는지에 주목하면서 가설이 지니는 설명 능력을 강조한다.

설명은 이렇게 일상에서부터 과학까지, 그리고 첨단과학기술에서부터 현대 철학에 이르기까지 다양한 곳에서 널리 사용되고 있다. 그런데 설명이란 무엇인가? 정보를 제공하는 것일까? 원인을 밝혀야 설명하는 것일까? 법칙을 언급해야 설명일까? 매우 드물게 발생하는 사건도 예외로 치부하지 않고 제대로 설명할 수 있을까? 좋은 설명과 나쁜 설명은 어떻게 구분될까? 이러한 질문들을 차차 다루기로 하고, 먼저 설명을 요청하는 질문의 형태를 살펴보자.

1.2 왜 질문과 설명

설명은 대개 "왜?"라는 질문을 통해 요청된다. 하지만 왜 질문 이외에 "어떻게?" 질문과 "무엇?" 질문으로도 설명을 요청할 수 있다. 다음을 보자.

왜 질문: 왜 스테이크는 강한 불에 구워야 맛있을까?

왜 사치품은 비쌀수록 더 잘 팔릴까?

왜 북극의 빙하는 최근에 급격하게 녹을까?

어떻게 질문: 박쥐는 어떻게 어두운 동굴 속에서 자유롭게 날아다닐까?

주식 투자는 어떻게 하는 것이지?

어떻게 스마트폰 화면을 이미지로 저장하지?

무엇 질문: 광합성이 무엇이지?

금융위원회의 역할은 무엇일까?

바둑 실력을 키우는 방법은 무엇이지?

샤갈 그림에서 수탉과 당나귀가 상징하는 것은 무엇일까?

모두 설명을 요청하는 질문이지만, 왜 질문은 주로 원인을, 어떻게 질문은 주로 방법과 절차를, 무엇 질문은 주로 사실을 밝혀 설명해 주기를 요청한다. 이러한 구분을 일반화하기는 어렵다. 설명을 요청하는 질문의 형태가 매번 설명의 내용을 규정하는 것은 아니기 때문이다. 왜 질문을 "사치품은 어떻게 비쌀수록 더 잘 팔릴까?"처럼 어떻게 질문으로 바꿔 물을 수도 있기 때문이다. 그렇게 질문 형태를 바꿔도 역시 원인을 밝혀 설명해 주기를 요청하는 질문이 된다. 또 무엇 질문이 사실을 밝혀주기를 요청한다고 해도 그 사실은 단순한 것이 아닐 수도 있다. '광합성'이나 '금융위원회의 역할'처럼 인과관계를 포함하는 복잡한 사실일 수 있는 것이다. 그렇게 보면, 설명은 왜 질문에 대한 답변이고, 설명을 요청하는 질문은 대부분 인과관계에 관한 왜 질문으로 바꿀 수 있다.

하지만 설명이 모두 인과관계에 관한 것은 아니다. 방법과 절차에 대한 안내를 요청하는 어떻게 질문이 대표적이다. 코로나19 백신 예약은 어떻게 하는지를 묻거나 백신 접종이 어떻게 질병을 예방하는지를 묻는 것은 설명을 요청한다. 그것은 인과관계와는 다른 종류의 설명을 요청하는 것이고, 왜 질문으로 바꿀 수 없는 것이다. 따라서 설명을 왜 질문에 대한 답변으로 한정하면 모든 종류의 설명에 대한 탐구가 되지 못할 것이다.

왜 질문이 언제나 설명을 요청하는 것도 아니다. "왜 정민이가 범인이라고 믿는가?"처럼 왜 질문은 믿음의 근거와 증거를 요청하기도 한다. 정당화를 요청하는 것이다. 정당화를 요청하는 왜 질문과 설명을 요청하는 왜 질문은 맥락을 살펴면 구분할 수 있다. 정당화를 요청하는 왜 질문은 정민이가 범인이라는 문제의 현상이 발생했다는 믿음을 뒷받침할 증거를 필요로 하지만, 설명을 요청하는 왜 질문은 문제의 현상이 발생했다는 것을 인정한 뒤에 제기된다는 점에서 분명하게 다르다.

이렇게 왜 질문이 언제나 설명을 요청하는 것도 아니고 왜 질문만이 설명을 요청하는 것도 아니라면, 설명을 요청하는 질문의 형태만으로 간단하게 우리의 논의 대상을 한정하기는 어렵다.

1.3 과학적 설명

설명에 관한 철학적 탐구 성과를 소개하는 스탠포드 철학 백과사전과 여러 과학철학 참고 도서에는 '설명'이 표제어로 나오기도 하고 '과학적 설명'이 표제어로 나오기도 한다. 소개되는 내용은 서로 다르지 않다. 그럼 설명 앞에 붙은 '과학적'이란 형용사의 의미는 특별하지 않은 것인가?

일상에서 설명을 요청할 때, 우리는 특별히 과학적 설명을 요청하기도 한다. 예를 들어, "왜 스테이크는 강한 불에 구워야 맛있는지 과학적으로 설명해 주세요"라고 요청한다. 여기서 과학적 설명은 두 가지 의미를 지닐 수 있다. 하나는 과학 내용을 포함하는 설명이란 뜻이고, 다른 하나는 정확하고 신뢰할 만한 설명이란 뜻이다. 전자를 좁은 의미, 후자를 넓은 의미의 과학적 설명이라 할 때, 후자의 의미는 전자의 의미에서 나온 것이다. 과학이 정확하고 신뢰할 만하다는 생각에서 꼭 과학 내용을 포함하지 않더라도 정확하고 신뢰할 만한 설명이면 모두 과학적 설명이라고 인정하게 된 것이다.

그럼 비과학적 설명에는 무엇이 속할까? 넓은 의미의 과학적 설명을 기준으로 삼는다면, 비과학적 설명은 정확하지 않거나 신뢰할 만하지 못한 설명이 된다. 그 기준에 따를 경우, 일상적 설명은 과학적 설명과 비과학적 설명 중 어디에 포함되어야 하는가? 일상적 설명은 대개 과학 이론을 동원하지 않는다. 설사 동원하더라도 과학 내용을 자세하게 활용하지는 않는다. 그렇다고 해서 일상적 설명이 모두 정확하지 않거나 신뢰할 만하지 못한 설명이라고 말하기도 어렵다. 다음 사례는 일상적 설명이지만, 관련 맥락에서 필요로 하는 만큼 충분히 정확하고 신뢰할 만한 설명을 제시한다고 할 것이다.

일상적 설명: 진영이가 지난 월례 모임에 참석하지 못한 것은 회사에
서 갑자기 출장을 가야 했기 때문이다.

그렇다면, 비과학적 설명을 그럴듯하게 설정하기 위해서 과학적 설
명은 좁은 의미로 이해하는 것이 좋을까? 과학 내용을 포함하지 않은
설명으로 비과학적 설명을 이해하자는 제안이다. 비과학적 설명의 대
표적인 사례는 종교적 설명과 신화적 설명 등이 될 것이다. 다음 사례
를 보자.

종교적 설명: 인간의 죽음은 인간의 영혼이 육신에서 벗어나 하나님께
돌아가는 것이다.

신화적 설명: 인간이 마음을 지닌 존재로 탄생한 것은 프로메테우스와
함께 아테네 덕분이다. 인간은 프로메테우스가 신과 비
슷한 모습으로 빚은 진흙 형상에 생명을 불어넣어 탄생
했는데, 프로메테우스가 그렇게 생명을 불어넣기 직전에
아테네는 나비를 날려 보내 그 진흙 형상의 콧구멍 속으
로 들어가 마음을 깃들게 했다.

설명을 처음 철학적 탐구 대상으로 삼아 고민한 과학철학자들은 과
학 내용을 포함하는 좁은 의미의 과학적 설명을 논의의 출발점으로 설
정했다. 특히 헴펠(C. G. Hempel, 1905-1997)은 자연법칙의 역할을
중시하며 설명에 대한 논의를 좁은 의미의 과학적 설명을 중심으로 발
전시켰다. 사실 정확하고 신뢰할 만한 설명을 현실에서 가장 많이 제공
하는 사람은 과학자라 할 수 있고, 좋은 설명을 제시하여 세계의 여러

현상을 이해하는 것은 과학의 목표 중 하나이기 때문에 설명에 대한 철학적 탐구의 출발점을 좁은 의미의 과학적 설명으로 잡은 것은 당연해 보인다.

게다가 현대의 과학철학을 출발시킨 논리실증주의자들은 초기에 자연현상의 이해를 위한 설명이 주관적이고 심리적인, 나아가 형이상학적인 내용을 포함하는 것이 아닌지 의심했다. 설명이 목표로 하는 이해에 대한 객관적인 논의가 불가능하고 경험을 통해 판단할 수 없는 것이라고 생각해서 설명에 대한 논의 자체를 과학철학이 다뤄야 할 주제에서 제외했다. 하지만 논리실증주의를 세련되게 발전시킨 논리경험주의자 헴펠은 설명에 대한 엄밀한 철학적 분석 결과를 제시하며 설명을 과학철학의 핵심 주제로 정립한다. 헴펠은 철저한 경험주의의 틀 속에서 설명을 분석했고, 자연과학 중심의 과학적 설명에 초점을 맞췄다. 자연현상으로 설명의 논의 대상을 한정하면 참과 거짓을 분명하게 판단할 수 있는 주장들을 활용해서 과학적 설명에 대해 좀 더 뚜렷하게 분석할 수 있고, 자연법칙 등과 같이 설명에 포함해야 하는 내용이 어떤 것일지에 대해 좀 더 분명하게 검토할 수 있기 때문이다.

그러나 헴펠 이후의 현대 과학철학자들은 좁은 의미와 넓은 의미의 과학적 설명을 구분해야 할 이유를 찾지 못했다. 둘 사이에 본질적 차이가 없다고 판단한 것이고, 좁은 의미의 과학적 설명을 연구해서 얻은 성과는 일상적 설명 등을 포함하는 넓은 의미의 과학적 설명에 큰 차이 없이 적용할 수 있다고 판단한 것이다. 설명에 대한 철학적 탐구는 여전히 과학철학의 주요 주제이지만, 그 논의 대상은 이제 넓은 의미의 과학적 설명으로 확장되었고, 일상적 설명 사례가 자주 활용된다. 예를 들어, 책상 옆 카펫 바닥의 검은색 잉크 자국을 두고 책상 위에 놓여 있던 잉크병이 떨어져서 그렇게 됐다고 설명하는 사례나 감기에 걸렸을 때 비타민 C를 많이 먹으면 대부분의 사람은 감기가 일주일 안에 낫는다고 설명하는 사례 등이 대표적이다.

설명의 논의 대상을 일상적 설명까지 포함하는 것으로 확대한다고 해서 종교적 설명이나 신화적 설명까지 논의 대상으로 포함하겠다는 것은 아니다. 종교적 설명이나 신화적 설명은 넓은 의미의 과학적 설명에도 포함되지 않는다. 정확하고 신뢰할 만한 설명이라면 상식적으로 누구나 받아들일 수 있는 것인데, 종교적 설명이나 신화적 설명은 그렇지 않기 때문이다. 그럼 종교적 설명이나 신화적 설명은 비과학적 설명에 해당하고, 일상적 설명과 과학 내용을 포함하는 설명은 넓은 의미의 과학적 설명에 해당한다고 구분할 수 있다.

설명의 논의 대상을 넓은 의미의 과학적 설명으로 확대한다고 해서 논의 대상을 좁은 의미의 과학적 설명으로 한정하여 연구하는 것이 틀린 것은 아니다. 논의 대상을 너무 크게 설정하면 문제를 제대로 고찰하기 어렵다는 등의 실용적인 판단이 가미된 방법론적 선택이다. 포퍼(K. Popper, 1902-1994)가 『과학적 발견의 논리』(1959)에서 선택한 연구 방법도 마찬가지의 논리에 따른 것이다. 일상적 지식 대신 과학적 지식을 연구 대상으로 삼는 것은 과학적 지식이 뚜렷한 일상적 지식일 뿐이기 때문이라는 것이다. 그렇다면 넓은 의미의 과학적 설명 중에서 뚜렷한 것이 좁은 의미의 과학적 설명이다. 비록 설명이 무엇인지에 대한 논의 대상은 넓은 의미의 과학적 설명으로 삼더라도 그 논의의 출발점은 과학 내용을 포함하는 좁은 의미의 과학적 설명으로 설정하는 것이 좋겠다.

이 책에서 헴펠의 설명 이론을 소개할 때에는 주로 좁은 의미의 과학적 설명 개념에 주목한다. 하지만 헴펠 이후의 논의에서는 일상적 설명 사례를 널리 사용하고 과학적 설명의 의미 역시 넓게 사용한다. 좁은 의미라고 특별히 한정하지 않는 이상, 과학적 설명은 앞으로 이 책에서 넓은 의미로 사용할 것이고, '과학적'이란 형용사가 없어도 설명은 넓은 의미의 과학적 설명을 의미할 것이다.

마지막으로 설명의 논의 대상과 관련하여 한 가지 더 언급하고 넘어가야 할 문제가 있다. 지금까지 언급한 대부분의 설명 사례는 책상 옆 카펫 바닥의 검은색 잉크 자국이나 일본 후쿠시마 원전 사고와 같은 개별 사건에 관한 것이었다. 이제 이렇게 개별 사건만을 설명의 논의 대상으로 볼 것인지, 아니면 시계추 운동과 같은 규칙성 혹은 행성의 속도에 관한 케플러의 법칙과 같이 규칙성을 나타내는 자연법칙을 설명의 논의 대상에 포함해야 할 것인지를 결정해야 한다. 설명에 대한 기존의 대표적인 이론들은 모두 개별 사건을 중심으로 논의를 전개했고, 개별 사건에 대한 설명 이론을 구성하고 나면 그것을 규칙성이나 자연법칙에 응용하는 방식으로 발전시켰다. 이에 우리도 우선 개별 사건에 초점을 맞춰 설명이 무엇인지를 탐구하려 한다. 특별한 언급이 필요한 흥미로운 문제가 있는 경우에만 규칙성 혹은 법칙에 대한 논의를 덧붙이고, 기본적으로는 개별 사건에 대한 설명 문제에 집중하기로 한다.

1.4 설명과 설명이 아닌 것

설명의 논의 대상을 넓은 의미의 과학적 설명으로 설정하면서 우리는 정확하고 신뢰할 만한 일상적 설명까지 과학적 설명에 포함하는 것으로 비과학적 설명과의 구분 기준을 세웠다. 하지만 무엇이 설명이고 무엇이 설명이 아닌지는 분명한가? 이에 대한 우리의 직관을 간단하게 검토해 보자.

설명이 아닌 것에는 여러 가지가 있다. 과학 활동을 염두에 두고 생각하면, 있는 그대로의 사실을 보고하는 관찰, 관찰 사실을 도출할 수 있는 가설 구성, 실험을 통해 가설을 뒷받침하는 증거를 제시하는 입증, 증거를 근거로 추론하는 예측 등이 모두 설명이 아닌 것에 해당한다. 설명 역시 과학 활동이지만, 설명은 위의 다른 과학 활동과 추구하는 목표가 다르다. 진리 발견과 세계 이해를 과학의 목표, 즉 과학 활동의 목표라고 할 때, 설명은 세계 이해를 추구하는 반면, 다른 과학 활동은 진리 발견을 추구한다. 두 목표가 서로 무관하지는 않지만 서로 다른 것임은 분명하고, 그 차이는 각각의 과학 활동으로 추구하는 구체적인 과학의 성과에서도 드러난다. 과학의 성과를 과학적 지식이라 할 때, 설명은 설명적 지식을, 다른 과학 활동은 기술적 지식(descriptive knowledge)을 추구하는 것이다. 설명적 지식과 기술적 지식이 합쳐져서 과학적 지식이 되는 것이다.

관찰, 가설 구성, 입증, 예측 등의 과학 활동은 설명이 아니다. 그러한 과학 활동은 직접적으로 세계 이해를 추구하지 않는다. 종종 있는 그대로의 사실을 정확하게 기술하는 것만으로도 설명이 된다고 말하는 경우가 있다. 예를 들어, 다음 대화를 보자.

가현: 오늘 날씨가 무척 더웠어.
나명: 오늘 온도가 30도까지 올라갔네.

위의 대화를 두고, 누군가는 나명이의 진술이 가현이의 진술을 설명한다고 말할지 모른다. 하지만 여기서 설명이 제시되었다면, 그것은 나명이의 진술만이 아니라 온도가 30도까지 올라간 날은 매우 더운 날이라는 배경지식이 추가적으로 작동했기 때문이다. 누구나 알고 있는 사실이라도 그러한 사실을 정확하게 보고하면 종종 떠오르지 않던 배경지식이 작동해서 설명을 도울 수 있다. 매번 관련된 배경지식이 분명하게 밝혀져야 설명이 이뤄지는 것은 아니지만, 그런 배경지식이 작동하지 않는다면 아무리 정확한 관찰 사실이라도 설명의 대상을 있는 그대로 다시 보고하는 것만으로는 설명이 될 수 없다.

입증이나 예측의 경우도 마찬가지이다. 앞서 소개한 XAI의 예측을 생각해 보자. XAI가 사진 속 대상을 고양이라고 판단한 것은 XAI의 추론이고 예측이다. 그 예측이 무엇을 근거로, 어떻게 나왔는지를 이해시키려는 것이 설명이다. 그렇게 설명을 완성시키기 위해 필요한 것이 바로 특정 종류의 털, 수염, 발톱을 지니는 것은 대부분 고양이라는 연결 고리이다. 암암리에라도 이 연결 고리가 작동할 때 설명이 완성될 수 있다. 이 연결 고리를 XAI가 활용했다고 생각하기에 우리는 XAI가 특정 종류의 털, 수염, 발톱을 지닌 것을 근거로 해서 사진 속 대상이 고양이라고 추론하고 예측했다는 설명을 받아들이는 것이다. 특정 종류의 털, 수염, 발톱을 지니는 것의 90%가 고양이였다는 식으로 설명에 활용된 연결 고리를 엄밀하게 제시하면, XAI는 좀 더 좋은 설명을 제시한다고 평가될 것이다.

설명이 아닌 것을 하나만 더 살펴보자. 종종 설명은 친숙하지 않은 현상을 친숙한 것으로 환원시키는 것이라고 생각한다. 어떤 설명에서는 그런 특성이 드러나는 것이 맞다. 예를 들어, 빛의 파동은 호수의 물결이 퍼져나가는 것과 마찬가지라고 설명되기도 한다. 하지만 사람마다 친숙한 것이 다르다. 그리고 과학자들은 천둥이나 조수의 변화처럼 이미 친숙한 현상을 이해하기 위해서 노력해 왔는데, 그때 과학자들이 제시한 설명이 더 친숙한 것은 아니었다. 예를 들어, 밤하늘이 어두운 것은 친숙한 현상이지만, 그 현상을 설명하기 위해서 과학자들은 친숙하지 않을 뿐만 아니라 난해한 과학 이론, 즉 우주 공간이 비유클리드의 특성을 보이며 팽창하고 있다는 이론을 소개했다. 친숙한 것으로 환원시키는 것은 설명의 필요조건도 아니고 충분조건도 아닌 것이다.

1.5 다섯 개의 설명 이론

현대 과학철학의 대표적인 설명 이론으로는 포괄법칙 설명 모형, 통계 연관적 설명 모형, 인과 메커니즘적 설명 모형, 화용론적 설명 이론, 통합적 설명 모형 등 다섯 개를 들 수 있다. 모두 설명의 대상이 되는 현상이나 사건 E를 설명하기 위해 설명 내용 A에 어떤 것이 포함되어야 하는지를 밝히고자 한다. 과학철학에서는 설명에 대한 논의를 쉽게 하기 위해 '피설명항'과 '설명항'이라는 용어를 도입한다. 피설명항은 설명의 대상 E를 가리키고 설명항은 설명의 내용 A를 가리킨다. 예를 들어, 북극의 빙하가 왜 최근에 급격하게 녹고 있는지를 설명해 달라고 요청하면, 북극의 빙하가 최근에 급격하게 녹고 있다는 사건은 설명의 대상인 피설명항 E가 되고, 북극의 빙하가 최근에 급격하게 녹고 있는 원인 등을 제시하는 설명의 내용은 설명항 A가 된다. 그럼 설명항 A에는 어떤 것이 포함되어야 할까? 설명항 A와 피설명항 E 사이에는 어떤 관계가 있을까? 설명의 본질은 무엇일까?

이 책에서 소개하려는 다섯 개의 설명 이론 중, 포괄법칙 설명 모형에서는 설명항에 일반법칙이 꼭 포함되어야 하며, 설명항과 피설명항 사이에 성립하는 연역적 혹은 귀납적 도출 관계에 기초한 피설명항의 법칙적 기대가능성에서 설명의 본질을 찾는다. 하지만 연역적 혹은 귀납적 도출 관계만으로는 설명항과 피설명항 사이의 연관성을 드러내기에 충분하지 않기에 통계 연관적 설명 모형에서는 설명항과 피설명항 사이의 통계적 관계가 꼭 밝혀질 필요가 있다는 입장을 제시한다. 인과 메커니즘적 설명 모형에서는 설명항과 피설명항 사이의 연관성을 드러내는 통계적 관계가 궁극적으로 인과적 연관성에서 발생한 것이라면서 인과관계를 밝힐 때 설명의 본질을 찾을 수 있다고 주장한다. 기존의 설명 이론을 모두 비판하며 제시된 화용론적 설명 이론은 설명이 왜 질문에 대한 답변이기에 설명의 목표는 이해이고, 설명항과 피설명항 사이의 관계는 이해가 가능하도록 맥락에서 결정된다는 입장이다. 마지막으로 소개할 통합적 설명 모형은 설명항과 피설명항 사이의 개별적 관계를 넘어서서 다양한 현상을 통합하여 이해할 때 설명이 이뤄진다는 입장이다.

이상 다섯 개의 설명 이론을 차례로 살펴본 후, 마지막 장에서는 이 다섯 이론을 서로 비교하면서 전체적인 논의 현황을 정리하고 설명 이론의 미래에 대한 전망을 담겠다.

더 읽을거리

설명을 과학철학의 주제로 소개하는 글로는 다음을 참조할 수 있다.

Skow, B. (2016), "Scientific Explanation", in *Oxford Handbook of Philosophy of Science*, ed., P. Humphreys, Oxford University Press.

Salmon, W. C. (1992), "Scientific Explanation", in *Introduction to the Philosophy of Science*, eds., M. H. Salmon, Hackett Publishing Co.

Woodward, J. & L. Ross (2021), "Scientific Explanation", *Stanford Encyclopedia of Philosophy*, https://plato.stanford.edu/entries/scientific-explanation/.

설명에 대한 과학철학의 탐구 성과를 정리한 책으로 다음을 참조할 수
있다.

Salmon, W. C. (1990), *Four Decades of Scientific Explanation*, University of Pittsburgh Press.

2

포괄법칙 설명 모형

2.1 헴펠과 설명 이론

과학적 설명에 관한 현대적 논의는 대개 헴펠(C. G. Hempel, 1905-1997)의 견해를 살펴보는 데서 시작한다. 이후의 논의는 헴펠의 견해에 대한 비판과 대안 제시라고 할 수 있을 정도로 설명 이론에서 헴펠이 차지하는 지위는 막대하다. 이 장에서는 헴펠이 제시한 설명 이론을 다루기로 한다.

헴펠에 따르면, 경험과학에서 가장 중요한 과제 가운데 하나는 어떤 현상의 발생에 대해 왜 그 현상이 발생했는지를 설명하는 일이다. 헴펠은 과학적 설명이 지닌 일정한 공통점이 있다고 보고, 그것을 모형으로 정식화했다. 그 모형을 보통 '헴펠의 설명 모형', 좀 더 구체적으로는 '포괄법칙 설명 모형'(the covering law model of explanation)이라 부른다. 이 모형에는 기본적으로 두 가지가 있다. 하나는 연역 법칙적 설명 모형(Deductive-Nomological Model)이고, 다른 하나는 귀납 통계적 설명 모형(Inductive-Statistical Model)이다. 앞으로의 논의를 위해 이들을 각각 'DN 설명 모형'과 'IS 설명 모형'이라 부르기로 하겠다. 설명 모형의 이런 구분은 한편으로는 설명에 사용되는 일반법칙이 "A는 모두 B이다"라는 식의 보편법칙인지 아니면 "A의 70%는 B이다"라는 식의 통계법칙인지에 따른 것이고, 다른 한편으로는 그 설명 방식이 연역 논증의 구조를 지닌 것인지 아니면 귀납 논증의 구조를 지닌 것인지에 따른 것이다. 보편법칙이 사용되면서 연역 논증의 구조를 지닌 것이 DN 설명 모형이고, 통계법칙이 사용되면서 귀납 논증의 구조를 지닌 것이 IS 설명 모형이다.

　이제 두 설명 모형을 차례차례로 살펴보자. 논의 순서는 다음과 같다. 2절에서는 DN 설명 모형의 논리적 구조와 올바른 설명이 되기 위한 '적합성' 조건을 소개하고, 이 설명 방식이 지닌 특징을 논의할 것이다. 3절에서는 DN 설명 모형과의 차이를 중심으로 IS 설명 모형의 특징을 살펴볼 것이다. 4절에서는 포괄법칙 모형의 난점으로 제시된 몇 가지 유명한 반례들을 소개할 것이다.

2.2 DN 설명 모형

다음은 우리가 쉽게 접할 수 있는 왜 질문의 사례들이다.

　"왜 그날 수도 계량기가 동파되었는가?",
　"왜 수은 온도계를 뜨거운 물에 집어넣었더니 수은주가 처음에는 잠깐 내려갔다가 곧 다시 올라갔는가?",
　"왜 달은 하늘 높이 떠 있을 때보다 지평선 가까이 있을 때 더 크게 보이는가?"

2. 포괄법칙 설명 모형 **27**

설명을 추구하는 이런 왜 질문에 대한 대답이 설명이라고 할 때, 적절한 설명이 되려면 어떤 것을 말해 주어야 하는 것일까? 수도 계량기 동파 사례를 들어 이를 살펴보기로 하자. 헴펠에 따르면, 왜 그날 수도 계량기가 동파되었는지를 과학적으로 설명하는 일은 대략 다음과 같은 식으로 진행된다.

> (가) 그날은 낮에도 기온이 영하에 머물 정도로 추운 날씨였으며, 수도 계량기는 집 밖에 설치되어 있었고, 계량기함에 별도의 방한 장치는 없었으며, 수도 계량기가 견딜 수 있는 압력 한도는 얼마얼마이다. 그리고
> (나) 물은 0℃ 이하가 되면 어는데, 물이 얼면 부피가 커지게 되고, 부피가 커지면 공간 내 압력이 증가하고, 압력 한도를 넘어서게 되면 터지게 되기 때문에,
> (다) 그날 수도 계량기가 동파되었다.

이런 설명 방식에서 주목할 것은 수도 계량기 동파라는 현상의 발생을 일반법칙에 기대어 설명한다는 점이다. 일반법칙이란 (나)에서 보듯이, 일정한 조건이 만족되면 규칙적으로 일정한 일이 벌어지게 된다는 것을 말해 준다. (가)에 나오는 것들은 일반법칙에서 말하는 조건들이 실제로 만족되었음을 말해 준다. 그러므로 (가)와 (나)를 함께 고려하면, 일정한 조건이 만족되면 일정한 일이 규칙적으로 벌어지게 되는데 실제로 일정한 조건이 만족되었으므로 우리는 (다)에 서술된 문제의 현상이 당연히 일어나게 되는 것임을 알 수 있다. 이처럼 왜 질문에 대한 대답으로 제시되는 설명이란 우리가 설명하고자 하는 현상이 일반법칙에 따라 일정한 조건이 실현됨으로써 당연히 일어나야 할 일이었

음을 보여주는 작업이라고 할 수 있다. 즉 설명의 핵심은 문제의 현상이 일반법칙의 한 사례로 포섭(subsumption)된다는 점을 보여주는 데 있다. 이처럼 개별 사례를 포괄하는 법칙에 의해 설명한다는 점을 부각하기 위해 '포괄법칙(covering law) 모형'이라는 말을 쓴다. 우리가 왜 질문에 대한 대답으로 제시된 설명을 듣고 그 현상의 발생을 이해하게 되는 이치는 그것이 일정한 조건이 만족되면 당연히 일어나게 되는 일반적인 규칙성의 한 사례임을 깨닫게 되기 때문이다.

설명의 논리적 구조와 네 가지 적합성 조건

이제 수도 계량기 동파 사례에 들어 있는 설명의 논리적 구조를 좀 더 분명히 해보자. 먼저 몇 가지 용어를 도입하자. 우선 (다)는 설명해야 할 현상(이를 간단히 '피설명 현상'이라 부른다)을 기술하는 문장으로, 이를 '피설명항'이라 부른다. (가)와 (나)는 피설명 현상을 설명하기 위해 끌어온 여러 문장들로, 이를 '설명항'이라 부른다. 설명항은 다시 두 부류로 나누어진다. (가)에 나오는 것들은 피설명 현상보다 먼저 일어났거나 동시에 일어난 어떤 조건들을 서술한 것인데, 이를 '선행조건'(antecedent condition) 또는 '초기조건'(initial condition)이라 부른다. (나)에 나오는 것은 동파와 관련한 일반법칙을 대략적으로 서술한 것이다. 헴펠은 우리가 본 설명 사례의 일반적 구조를 다음과 같이 정식화한다.

$$
\text{논리적 연역} \left\downarrow \quad \begin{cases} C_1, C_2, ..., C_k & \text{선행조건의 진술} \\ L_1, L_2, ..., L_r & \text{일반법칙} \end{cases} \right\} \text{설명항}
$$
$$
\overline{\qquad\qquad E \qquad \text{설명해야 할 경험적 현상의 기술}} \Big\} \text{피설명항}
$$

이런 구조를 띤 DN 설명이 적절한 설명이 되려면 다음 네 가지 적합성 조건을 만족해야 한다.

첫 번째, 피설명항은 설명항의 논리적 귀결이어야 한다.
두 번째, 설명항은 일반법칙을 포함해야 하며, 이들 법칙은 피설명항을 도출하는 데 실제로 필요한 것이어야 한다.
세 번째, 설명항은 경험적 내용을 지녀야 한다.
네 번째, 설명항을 이루는 문장들은 참이어야 한다.

앞의 세 조건은 논리적인 적합성 조건이고, 마지막 조건은 경험적인 적합성 조건이다. 헴펠은 논리적인 적합성 조건을 만족하는 설명을 '잠정적' 설명(potential explanation)이라 부르고, 네 번째 조건까지 만족하는 설명을 '참된' 설명(true explanation)이라 부른다. 그런데 설명항에 나오는 문장들이 실제로 참인지 여부를 따지는 것은 어려운 문제이므로, 우리는 이런 용어법을 그대로 따르지는 않을 것이다. 대신 우리는 직관적으로 받아들일 만한 설명을 '올바른' 설명이라 부르기로 하겠다.

네 가지 조건이 정확히 무엇을 말하며, 이들 조건을 만족할 때 그 설명은 어떤 특성을 지니게 되는지를 살펴보기로 하자.

(1) "피설명항은 설명항의 논리적 귀결이어야 한다"라는 첫 번째 조건은 올바른 설명이 되려면 설명항은 피설명항을 논리적으로 함축해야 한다는 것을 말한다. 다시 말해, 전제인 설명항에 나오는 문장들이 모두 참이라면 결론인 피설명항도 참일 수밖에 없다는 의미에서 연역적으로 타당한 논증이어야 올바른 설명이 될 수 있다는 것이다. 이 설명 모형을 DN 설명 모형, 즉 연역 법칙적 설명 모형이라고 부른 이유는

설명항과 피설명항 사이에 성립하는 이런 '연역적'(Deductive) 관계
때문이다. 헴펠이 첫 번째 적합성 조건으로 이를 부과한 이유는 설명이
란 문제의 현상이 발생한 다음에 제시되는 것이므로 설명을 통해 실제
로 그 현상이 발생했다는 점이 분명하게 담보되어야 한다고 보았기 때
문이다. 제시된 설명을 따라갔는데도 문제의 현상이 과연 발생했는지
를 두고 여전히 의문의 여지가 있다면 그것은 제대로 된 설명이라고 할
수 없을 것이다. 그런데 우리는 뒤에 가서 설명항과 피설명항의 관계가
꼭 연역적일 필요는 없으며 그것이 귀납적인 유형의 설명 방식도 있음
을 볼 것이다.

  (2) "설명항은 일반법칙을 포함해야 하며, 이들 법칙은 피설명항을
도출하는 데 실제로 필요한 것이어야 한다"라는 두 번째 조건은 DN
설명 모형, 즉 연역 법칙적 설명 모형이 지닌 '법칙적'(Nomological)
요소를 잘 드러내 준다. 수도 계량기 동파 사례에서 보았듯이, DN 설
명은 일반법칙에 기대어 어떤 현상의 발생을 설명하고자 한다. 두 번째
조건은 첫 번째 조건을 좀 더 제한하는 역할을 한다. 첫 번째 조건에 의
할 때, 올바른 설명이 되려면 그것은 연역적으로 타당한 논증의 구조를
지녀야 한다. 두 번째 조건은 이런 구조를 지닌 것 가운데서도 전제에
일반법칙이 들어 있는 것들만이 올바른 설명이 될 수 있다는 것을 말한
다. 다시 말해, 타당한 연역 논증이 모두 올바른 설명이 되는 것은 아니
고, 그 가운데 전제에 일반법칙이 포함된 타당한 연역 논증만이 올바른
설명이 될 수 있다는 의미이다. 더구나 이때 전제에 나오는 일반법칙은
피설명항인 결론을 이끌어내는 데 실제로 쓰여야 하지 그냥 겉치레로
전제의 자리만 차지해서도 안 된다. 헴펠이 든 아래의 두 예는 이런 엄
격한 요구가 정확히 무엇을 의미하는지를 분명히 해줄 것이다.

메리는 금발이고 파란 눈을 가졌다.

따라서 메리는 파란 눈을 가졌다.

이는 연역적으로 타당한 논증으로, 피설명항인 결론은 설명항인 전제의 논리적 귀결이다. 하지만 설명항에는 일반법칙이 들어 있지 않으므로 이는 DN 설명 모형의 사례라고 할 수 없다. 우리는 이것이 왜 메리가 파란 눈을 가졌는지를 설명해 준다고 보지도 않을 것이다. 다음도 마찬가지로 DN 설명 모형의 사례라고 할 수 없다.

뉴턴의 중력 법칙

메리는 금발이고 파란 눈을 가졌다.

따라서 메리는 파란 눈을 가졌다.

왜냐하면 이 경우 설명항인 전제에 일반법칙으로 중력 법칙이 들어 있기는 하지만, 그것은 피설명항을 도출하는 데 아무런 역할도 하지 않기 때문이다. 헴펠이 얘기했듯이, "일반법칙에 대한 의존성은 DN 설명의 본질적 특징이다"(『과학적 설명의 여러 측면』, 172쪽).

두 번째 조건과 관련해 짚고 넘어가야 할 사항이 하나 더 있다. 두 번째 조건은 설명항에는 일반법칙이 꼭 들어 있어야 한다고 요구할 뿐 개별 사건을 기술하는 초기조건이 꼭 들어 있어야 한다고 요구하지는 않는다는 점이다. 그러므로 초기조건 없이 일반법칙들로만 설명항이 이루어져도 올바른 설명일 수 있다. 헴펠에 따르면, 이런 사례는 과학의 설명에서 흔히 볼 수 있다. 가령 다음과 같은 왜 질문을 생각해 보자.

왜 자유낙하 중인 물체는 갈릴레오 법칙에 따라 움직이는가?

왜 행성의 운동은 케플러의 법칙이 말하는 규칙성을 보이는가?

이런 질문에 대해서도 우리는 이들 규칙성이 뉴턴의 중력 법칙과 운동 법칙의 특수 사례임을 보여 설명할 수 있다. 이처럼 어떤 규칙성을 적용 범위가 더 넓은 일반법칙에 포섭하여 설명할 수도 있으며, 이런 설명 방식도 DN 설명 모형에 부합한다는 점을 알 수 있다. 이는 결론 자리에 오는 피설명 현상이 개별 사건에 국한될 필요가 없으며 일반법칙이나 규칙성이 그 자리에 올 수도 있다는 점을 분명히 해준다. 하지만 헴펠은 이런 유형의 DN 설명에는 개별 사건에 대한 설명에서는 발생하지 않는 특수한 문제가 따른다고 보고 있다(이에 대해서는 〈상자 2-1〉 참조).

〈상자 2-1〉 일반법칙의 설명과 무관한 연언의 문제

케플러의 법칙 K가 왜 성립하는지에 대해 우리는 그것이 뉴턴의 운동 법칙과 중력 법칙 N으로부터 도출된다는 것을 보여 설명할 수 있다. 이번에는 케플러의 법칙 K와 보일의 법칙 B를 결합한 더 강력한 법칙 K & B를 생각해 보자. 우리는 K & B로부터 K를 도출할 수 있다. 연언(conjunction)으로부터는 언제나 연언 성원(conjunct) 하나를 도출할 수 있기 때문이다. 그러므로 피설명항은 설명항의 논리적 귀결이라는 첫 번째 조건과 설명항은 일반법칙을 포함해야 하며, 이들 법칙은 피설명항을 도출하는 데 실제로 필요한 것이어야 한다는 두 번째 조건도 만족한다. 하지만 그렇게 한다고 해서 우리는 이것이 왜 케플러의 법칙이 성립하는지를 제대로 설명해 준다고 보지는 않을 것이다. 헴펠 자신은 이 문제에 대해 마땅한 해결책이 없다고 토로하고, 이를 미해결의 문제로 남겨두었다.

(3) "설명항은 경험적 내용을 지녀야 한다"라는 세 번째 조건은 헴펠 자신이 말하듯이 첫 번째 조건에 이미 암묵적으로 들어 있다고 할 수 있다. 왜냐하면 피설명항은 어떤 경험적 현상에 관한 주장일 텐데, 설명항이 이를 함축하려면 거기에는 이미 경험적 현상에 관한 주장이 들어 있어야 하기 때문이다. 전제에 있던 경험적 내용만이 결론으로 도출될 수 있기 때문이다.

(4) "설명항을 이루는 문장들은 참이어야 한다"라는 네 번째 조건은 두 가지 역할을 한다. 하나는 첫 번째 조건과 결합하여 결론인 피설명항이 참임을 담보하는 역할이다. 첫 번째 조건은 설명 논증이 전제가 참일 경우 결론도 반드시 참이라는 의미에서 연역적으로 타당해야 한다는 것을 말해 줄 뿐 그 결론이 실제로 참임을 보증하지는 않는다. 왜냐하면 타당한 논증이지만 결론이 거짓인 사례도 있기 때문이다. 전제 가운데 적어도 하나가 거짓인 것이 들어 있다면 그런 경우가 생겨난다. 전제를 이루고 있는 설명항이 모두 참인 주장으로 이루어져 있다면 첫 번째 조건에 따라 그 논증의 결론도 참임을 담보할 수 있고, 이때 우리는 안전하게 결론을 믿을 수 있다. 네 번째 조건이 하는 또 하나의 역할은 새로운 증거가 드러남에 따라 과거의 이론이 폐기되어 생기는 곤혹스러움을 미리 방지하는 것이다. 과거에는 잘 입증되었다고 생각해서 널리 받아들여졌던 이론, 가령 플로지스톤 이론에 의해 우리가 어떤 현상을 DN 설명 모형에 맞추어 설명했다고 해보자. 네 번째 조건이 없다면 우리는 이것도 올바른 설명이라고 해야 할 것이다. 하지만 이는 우리의 상식과 맞지 않는다는 것이 헴펠의 생각이다. 플로지스톤 이론을 이용한 설명은 애초에도 올바르지 않은 것이었으며, 우리가 올바르다고 잘못 생각했을 뿐이라고 말해야 할 것이기 때문이다.

DN 설명 모형이 지닌 몇 가지 특징

이제 DN 설명 모형이 지닌 핵심적인 성격을 몇 가지로 정리해 보자.

(가) 설명이란 일반법칙에 비추어 그 현상의 발생이 충분히 기대할 수 있었던 것임을 보이는 일이다.

두 번째의 적합성 조건에서도 잘 드러났고 헴펠 스스로도 명시적으로 밝히고 있듯이, 헴펠의 설명 모형이 지닌 가장 중요한 특징은 일반법칙에 의존해서 설명을 한다는 점이다. 이런 점에 주목해서 헴펠의 설명 이론을 '법칙에 따른 기대가능성'(nomic expectability)을 보여주는 이론이라고 말하기도 한다. 이 모형에서 설명이란 초기조건과 일반법칙에 비추어 볼 때 피설명 현상의 발생이 충분히 예상할 수 있었던 일이었음을 보여주는 작업이기 때문이다. 나중에 우리는 설명을 할 때 일반법칙이 꼭 필요한지를 두고 논란이 일기도 한다는 점을 보게 될 것이다.

(나) 올바른 설명이 되려면 좋은 논증이어야 한다.

헴펠의 설명 모형이 지닌 또 한 가지 중요한 특징은 올바른 설명이 되려면 좋은 논증이어야 한다고 본다는 점이다. 이때 좋은 논증이란 DN 설명 모형에서는 전제인 설명항이 참일 경우에는 결론인 피설명항도 반드시 참이 된다는 의미에서 연역적으로 타당한 논증임을 말하며, 이어서 살펴볼 IS 설명 모형에서는 전제인 설명항이 참일 경우 결론인 피설명항이 참일 가능성이 높다는 의미에서 귀납적으로 강한 논증임을 말한다. 어느 경우이든 설명을 제시하는 일을 일종의 논증을 제시하는 일로 파악하고 있고, 이 점이 헴펠의 기본 입장이라고 할 수 있다.

설명을 논증으로 보는 헴펠의 입장은 이후 전개된 설명 이론과 대비해 볼 때 또 한 가지 중요한 차이를 낳게 된다. 그것은 헴펠의 이론이 설명이 요구되는 구체적 상황이나 맥락을 그다지 고려하지 않고, 설명의 문제를 순수하게 구문론적이거나 의미론적으로 접근한다는 점이다. 실제로 논리학에서는 논증의 전제와 결론 사이에 성립하는 논리적 귀결 관계를 구체적 내용과 무관하게 순수하게 형식적으로 규정할 수 있으며, 이런 의미에서 순수하게 구문론적이거나 의미론적으로 접근하고 있다. 설명을 논증으로 파악하게 되면, 설명 이론에서도 이런 접근 방법을 그대로 쓸 수 있고, 헴펠은 실제로 이런 노선을 택하고 있다고 볼 수 있다. 그런데 이런 접근법은 설명이 지닌 화용론적인 측면을 강조하는 접근법과는 뚜렷이 대비되고, 이후에 우리는 이런 설명 이론을 살펴보게 될 것이다.

　(다) 설명과 예측의 논리적 구조는 같다.

　헴펠의 설명 모형이 갖는 또 다른 유명한 특징도 있다. 그것은 설명의 구조와 예측의 구조가 같다는 것으로, 이를 '설명과 예측의 구조적 동일성 논제' 또는 '설명과 예측의 대칭성 논제'라 부른다. 이 논제는 헴펠이 설명 모형을 처음 제시한 초기("역사학에서 일반법칙의 기능", 1942)부터 피력한 것이다. 헴펠에 따를 때, 설명과 예측은 제시되는 맥락에 따라 구분될 뿐 본질적으로 다른 것이 아니다. E로 기술된 현상이 이미 일어났음을 알고 있고, 선행조건과 일반법칙이 나중에 제시되었다면, 그것은 그 현상에 대한 설명이 된다. 반면 E의 발생에 앞서 선행조건과 일반법칙이 제시되고, 이로부터 E로 기술된 현상이 발생할 것임이 도출되었다면, 그것은 그 현상에 대한 예측이 된다. 가령 수도 계량기 동파 사례를 그대로 생각해 보자. 앞서는 그것을 설명하는 방안이었다. 이제 동파가 되기 전이고, 내일 기온이 급강하한다는 일기 예보를 접한다고 해보자. 이때 우리는 앞서 든 초기조건과 일반법칙에 따를 때 우리가 별다른 조치를 하지 않는 한 수도 계량기가 동파되리라는 것도 충분히 예측할 수 있다. 이처럼 설명과 예측이 마치 동전의 양면처럼 서로 연관되어 있다는 점을 잘 보여주는 또 다른 일상적 예로는 일식이나 월식을 들 수 있을 것이다. 2021년 5월 26일에 개기월식이 있었다. 우리는 왜 그때 개기월식 현상이 일어났는지를 태양과 지구 및 달의 위치와 지구와 달의 공전 궤도와 관련한 일반법칙을 통해 DN 설명 모형에 맞추어 잘 설명할 수 있다. 더구나 우리는 그 개기월식이 일어나기 전에 그 현상의 발생을 예측할 수 있었음도 물론이다. 그런 일이 있을 때면 우리는 뉴스를 통해 미리 '예보'를 접한다. 사실 우리는 다음번 개기월식이 언제 있는지도 이미 알고 있다.

헴펠은 이후에 자신의 설명 이론을 집대성한 글인 "과학적 설명의 여러 측면"(1965)에서 설명과 예측의 구조적 동일성 논제를 좀 더 자세하게 다룬다. 그는 이 논제를 두 개의 세부 논제, ㉠ "모든 설명은 예측이다"라는 것과 ㉡ "모든 예측은 설명이다"라는 것으로 나눈다. 그는 ㉠은 부인할 수 없다고 본다. 그의 이론에 따를 때 어떤 것이 올바른 설명이라면 그것은 반드시 예측의 기능도 할 수 있어야 한다. 그렇지 않다면 그것은 애초에 올바른 설명이라고 할 수 없다. 하지만 ㉡이 참인지에 대해서는 헴펠은 이를 열린 문제로 남겨둔다(230쪽 참조). 과거의 여러 관찰 사례에 비추어 다음 결과를 성공적으로 예측할 수는 있지만 왜 그렇게 되는지를 말해 줄 일반법칙이 아직 정립되지 않은 상황이 ㉡의 반례 가운데 하나가 될 텐데 이에 관해서는 더 많은 논의가 필요하다고 보기 때문이다.

(라) 인과적 설명은 모두 DN 설명이지만 DN 설명이 모두 인과적 설명인 것

은 아니다.

　DN 설명에 관한 헴펠의 견해를 마무리하기 전에 이후 논의를 위해서라도 인과적 설명에 대한 그의 견해를 분명히 해두는 것이 좋을 것 같다. 헴펠은 경험과학에서 찾아볼 수 있는 많은 설명이 인과적 설명이라는 점을 부정하지 않는다. 그런데 그는 인과적 설명은 모두 DN 설명 모형에 들어맞는다고 주장한다. 다만 일상적으로 접하는 많은 인과적 설명은, 헴펠에 따르면, '생략된' 설명이거나 '불완전한' 설명이다. 일반법칙의 일부나 전부가 생략되기도 하며 초기조건 가운데 일부가 생략되기도 한다. 우리가 본 수도 계량기 동파 사례의 경우에도 왜 그것이 동파되었는지를 설명할 때 일상적으로는 핵심 원인이라고 생각되는 한 가지 사실, 가령 기온이 크게 내려갔다는 것만을 거론할 것이다. 하지만 이 점이 설명을 할 때 일반법칙이 필요하지 않다거나 일상적 설명이 DN 설명 모형과 맞지 않다는 의미는 아니다. 도리어 이런 일상적인 인과적 설명이 설명력을 지니고 이를 적절한 설명으로 받아들이는 이유는 우리가 그때도 원인과 결과를 연결 짓는 일반 원리를 암묵적으로 전제하기 때문이라는 것이 헴펠의 주장이다. 그러므로 일상적인 인과적 설명이라 하더라도 초기조건이나 일반법칙을 낱낱이 명시적으로 드러내서 채운다면 그것은 DN 설명 모형에 부합한다는 점이 드러나게 된다. 이런 이유에서 헴펠은 인과적 설명은 모두 DN 설명이라고 본다.

　하지만 DN 설명이 모두 인과적 설명인 것은 아니다. 헴펠은 그런 사례로 두 가지를 든다. 하나는 앞서 나왔듯이 더 포괄적인 일반법칙에 의해 일반법칙을 설명하는 경우이다. 이는 DN 설명 모형을 따르는 설명이지만 원인에 의한 설명, 즉 인과적 설명은 아니다. 다른 하나는 단진자의 진동 주기 사례처럼, 개별 사건을 DN 설명 모형에 맞추어 설명하지만 그것이 인과적 설명이라고 할 수 없는 경우이다. 어떤 단진자가

한 번의 완전한 진동을 하는 데 걸리는 시간이 2초라고 하자. 왜 2초가 걸리는지를 우리는 DN 설명 모형에 따라, 그 단진자의 길이는 100센티미터라는 초기조건과 단진자의 주기 t(초)와 길이 l 사이에는 $t=2\pi\sqrt{l/g}$ (여기서 g는 자유낙하의 가속도이다)라는 일반법칙이 성립한다는 사실을 들어 설명할 수 있다. 하지만 이를 인과적 설명이라고 보기는 어렵다는 것이 헴펠의 주장이다. 왜냐하면 이때 이 법칙은 단진자의 길이와 진동 주기 사이에 성립하는 어떤 상관관계를 서술한 것일 뿐 그 둘 사이의 인과관계를 서술한 것이라고 할 수는 없기 때문이다. 뒤에 가서 우리는 헴펠의 설명 모형에 대한 비판은 이 모형이 인과적 설명의 어떤 특성을 제대로 포착하지 못한다는 점에 집중되어 있음을 보게 될 것이다.

〈상자 2-2〉 일반법칙과 우연적 일반화의 구분

헴펠의 설명 모형에서는 일반법칙이 핵심적인 역할을 한다. 그렇다면 일반법칙이란 무엇인가? 일반법칙은 "A는 모두 B이다"라는 식의 보편 일반화된 주장을 나타낸다. 하지만 보편 일반화된 주장이 모두 일반법칙을 나타내는 것은 아니다. 가령 (가) "압력이 일정할 때 모든 기체는 가열하면 팽창한다"라는 것은 일반법칙이지만 (나) "1964년 그린베리 교육위원회의 구성원은 모두 대머리이다"라는 것은 일반법칙이 아니다. 이런 차이 때문에 우리는 (가)와 "이 기체를 압력이 일정한 상태에서 가열했다"라는 사실을 들어 왜 그 기체가 팽창하게 되었는지를 설명할 수는 있다고 보지만, (나)와 "존스가 1964년 그린베리 교육위원회의 구성원이다"라는 사실을 들어 왜 그가 대머리인지를 설명할 수는 없다고 본다. 이처럼 보편 일반화된 주장 가운데 어느 것이 진정한 자연법칙이고 어떤 것은 우연적 일반화(accidental generalization)인지를 가리는 문제가 중요한 과제가 된다. 헴펠은 이런 기준을 모색하는 여러 시도를 하지만 일반법칙을 나타낼 때 사용하는 표현 형태만을 가지고 이 둘을 가르는 적절한 규정을 마련하기가 쉽지 않다는 점을 인정한다.

2.3 IS 설명 모형

이제 헴펠이 제시한 또 한 가지 모형인 IS 설명 모형을 살펴보기로 하자. 앞서 얘기했듯이, DN 설명과 IS 설명의 구분은 한편으로는 설명에 사용되는 일반법칙의 성격에 따른 구분이고, 다른 한편으로는 설명항과 피설명항의 논리적 관계에 따른 구분이다. 일반법칙이 보편법칙이면서 설명항과 피설명항의 논리적 관계가 연역 논증의 성격을 지닌 것이 DN 설명 모형이라면, 일반법칙이 통계법칙이면서 설명항과 피설명항의 논리적 관계가 귀납 논증의 성격을 지닌 것이 바로 IS 설명 모형이다. 헴펠은 설명 모형을 처음 제시한 1942년 논문에서부터 DN 설명이 경험과학에서 찾아볼 수 있는 유일한 설명 방식은 아니며 이와 구분되는 또 다른 설명 방식이 있다는 점을 피력했다. 하지만 IS 설명 모형에 대한 자세한 논의는 1965년에 나온 글에서 하게 된다.

통계적 요소와 귀납적 요소

헴펠이 들고 있는 IS 설명의 일상적 사례를 중심으로 IS 설명 모형이 어떤 것인지를 살펴보기로 하자. 연쇄상 구균에 감염되었던 강희가 페니실린 주사를 맞고 나았다고 하고, 왜 강희가 나았는지를 설명한다고 해보자. 앞서 DN 설명 모형에서 그랬던 것처럼 우리는 그 설명을 다음과 같은 논증 형태로 제시할 수 있다.

연쇄상 구균에 감염된 사람은 대부분 페니실린 주사를 맞으면 금방 낫는다.
강희는 연쇄상 구균에 감염된 사람이다.
강희는 페니실린 주사를 맞았다.
따라서 강희는 금방 나았다.

큰 틀에서 볼 때 여기서도 일반법칙에 기대어 강희의 회복을 설명한다고 할 수 있다. 첫째 전제는 일정한 조건이 만족되면 '대부분' 일정한 일이 일어난다고 하는 일반적인 '추세'를 말해 준다. 둘째와 셋째 전제는 앞서 DN 설명에서 본 초기조건에 해당하는 것으로, 실제로 일정한 조건이 만족되었음을 말해 준다. 이때 우리는 초기조건과 추세를 말해 주는 일반법칙에 비추어 문제의 현상이 충분히 발생할 수 있음을 예상할 수 있다. 그러므로 여기서도 강희의 회복을 일반법칙에 포섭하여 설명한다고 할 수 있고, 이 때문에 DN 설명과 IS 설명을 둘 다 포함해서 '포괄법칙' 설명 모형이라 부른다.

하지만 세부적인 면에서 보면 IS 설명은 DN 설명과 꽤 다르다. 차이는 설명에 사용되는 일반법칙의 성격 차이에서 주로 유래한다. 우리 예에서 설명항에 나오는 첫째 전제는 이전에 우리가 본 보편법칙과는 다르다. 첫째 전제는 "연쇄상 구균에 감염된 사람은 모두 페니실린 주사를 맞으면 금방 낫는다"라고 말하는 것이 아니다. 그것은 "연쇄상 구균에 감염된 사람은 대부분 페니실린 주사를 맞으면 금방 낫는다"라고 말할 뿐이다. 달리 말해, 연쇄상 구균에 감염되어 페니실린 주사를 맞은 사람 가운데 금방 낫는 사람의 비율이 높다거나 그렇게 될 통계적 확률이 높다는 주장이다. 물론 어느 정도로 높은지를 정확한 수치로 나타낼 수도 있다. 가령 "연쇄상 구균에 감염된 사람 가운데 70%는 페니실린 주사를 맞으면 금방 낫는다"라거나 "연쇄상 구균에 감염되었는데 페니실린 주사를 맞았을 때 금방 나을 확률은 0.7이다"라는 형태로 표현할 수 있다. 그래서 이런 종류의 일반법칙을 '통계법칙' 또는 '확률법칙'이라 부른다. 이처럼 설명항에 통계법칙을 포함하고 있기 때문에 이런 유형의 설명을 IS 설명, 즉 귀납 통계적(Statistical) 설명이라 부르는 것이다.

IS 설명에서 설명항에 통계법칙이 들어 있다는 점은 중요한 결과로 이어진다. 그것은 설명항이 피설명항을 논리적으로 함축하는 것이 아니라 피설명항이 참일 확률이 높다고 예상할 뿐이라는 점이다. 앞에 나온 강희 사례의 논증은 연역적으로 타당한 논증이 아니다. 연쇄상 구균에 감염된 사람 가운데 대부분은 페니실린 주사를 맞으면 금방 나을지라도 그렇지 않은 사람도 있을 수 있다. 이 때문에 이 논증의 전제가 모두 참이라 하더라도 결론은 거짓일 수 있다. 그러므로 이 설명에서는 DN 설명 모형의 적합성 조건 가운데 하나로 제시되었던, 설명항이 피설명항을 함축해야 한다는 조건을 만족하지 못한다. 대신 강희 사례는 전제가 모두 참일 경우 결론이 참일 확률이 높은 논증이라는 점에서 강한 귀납 논증이라 할 수 있다. 이 점을 부각하기 위해 이런 설명 유형을 귀납(Inductive) 통계적 설명, IS 설명이라 부르는 것이다.

〈상자 2-3〉 DS 설명

헴펠이 두 가지 설명 모형만 있다고 본 것은 아니다. 그에 따르면, DN 설명과 IS 설명 이외에 DS 설명 모형도 있다. 이는 연역 통계적(Deductive-Statistical) 설명 방식으로, 통계법칙이 설명항에 사용되면서 설명항과 피설명항의 관계는 연역적인 관계를 지닌 형태를 말한다. 이는 통계법칙을 이보다 더 적용 범위가 넓은 또 다른 통계

법칙에 의해 설명하는 것으로, DN 설명에서 보편법칙을 적용 범위
가 더 넓은 또 다른 보편법칙에 의해 설명하는 것과 마찬가지로 연역
적 설명이다. 이에 따라 DS 설명도 〈상자 2-1〉에서 본 '무관한 연언
의 문제'에 똑같이 부딪히게 된다.

　IS 설명 모형에서의 설명항과 피설명항 사이의 논리적 관계는 DN
설명 모형에서의 설명항과 피설명항 사이의 논리적 관계와 다르다. 이
점을 분명히 하기 위해 헴펠은 IS 설명 모형을 도식화할 때는 전제와
결론을 구분하는 선을 두 줄로 긋는다. 가령 개별 사례 a가 왜 G라는
성질을 지녔는지(Ga)를 설명한다고 하자. 이때 "개별 사례 a가 F이다"
(Fa)라는 사실과 'F일 때 G일 통계적 확률은 r이다"(P(G, F) = r)라는
통계법칙을 들어 설명한다고 할 때, 이를 IS 설명 모형에서는 다음과
같이 도식화한다.

$$P(G, F) = r$$
$$Fa$$
$$\underline{\hspace{5cm}}\ [r]$$
$$Ga$$

여기서 두 줄의 선은 설명항과 피설명항의 관계가 연역적 도출이 아니
라 귀납적 지지임을 나타내며, 끝에 나오는 r은 귀납적 지지의 정도를
수치로 표현한 것이다. 이때 r이 정확히 어느 정도 이상이어야 제대로
된 설명이라고 할 수 있을까 궁금해 할 수 있다. 헴펠은 r의 최솟값을
가령 0.8로 규정한다면 이는 임의적인 것이 된다는 이유에서 최솟값을
구체적으로 정하는 것은 반대하면서도 또한 그 값이 1에 매우 근접할

경우에만(『과학적 설명의 여러 측면』, 251쪽) 제대로 된 설명이라고 말한다. 이에 근거해 볼 때, 우리는 설명항에 비추어 피설명항이 참일 가능성이 높다는 의미에서 강한 귀납 논증이어야 올바른 IS 설명이 될 수 있는 것임을 알 수 있다. 그러므로 앞서 우리가 말했듯이 헴펠 설명 모형에서는 올바른 설명이려면 좋은 논증이어야 한다는 특징은 여전히 유효하다고 할 수 있다. 다만 좋은 논증이 DN 설명 모형에서는 연역적으로 타당한 논증임을 의미하고, IS 설명 모형에서는 귀납적으로 강한 논증임을 의미하는 차이가 있을 뿐이다.

지금까지의 논의 결과를 바탕으로 할 때 우리는 IS 설명 모형이 적절한 설명이 되기 위해서는 다음과 같은 네 가지 적합성 조건을 지켜야 한다고 말할 수 있다.

첫 번째, 설명항은 피설명항을 귀납적으로 지지해야 한다.
두 번째, 설명항은 통계법칙을 포함해야 하며, 이들 법칙은 피설명항을 귀납적으로 지지하는 데 실제로 필요한 것이어야 한다.
세 번째, 설명항은 경험적 내용을 지녀야 한다.
네 번째, 설명항을 이루는 문장들은 참이어야 한다.

IS 설명의 애매성

IS 설명 모형에서는 설명항과 피설명항의 관계가 연역적 함축 관계가 아니라 귀납적 지지 관계이기 때문에 생기는 중요한 특징이 있다. 이를 보기 위해 다음 예를 생각해 보자.

페니실린 내성이 있는 연쇄상 구균에 감염된 사람은 대부분 페니실린 주사를 맞아도 금방 낫지 않는다.

강희는 페니실린 내성이 있는 연쇄상 구균에 감염된 사람이다.

강희는 페니실린 주사를 맞았다.

따라서 강희는 금방 낫지 않았다.

이 논증의 결론은 앞서 본 논증의 결론과는 상반된다. 문제는 두 설명에 나오는 설명항은 서로 일관적이라는 점이다. 즉 이들은 모두 참일 수 있다. 더구나 이런 일은 이 특정 사안의 경우에만 벌어지는 것이 아니다. 다음 예는 이 점을 분명히 해줄 것이다.

우리 반 학생들 가운데 80%는 오른손잡이다.

연수는 우리 반 학생이다.

따라서 연수는 오른손잡이다.

연수가 속한 동아리 회원의 80%는 왼손잡이다.

연수는 동아리 회원이다.

따라서 연수는 왼손잡이다.

이 두 논증의 전제들도 서로 일관적이다. 게다가 두 논증 모두 전제가 참일 때 결론이 참이 될 확률이 높다는 점에서 강한 귀납 논증이라 할 수 있다. 하지만 두 논증의 결론은 서로 모순된다.

예를 통해 짐작해 볼 수 있듯이, 이런 일은 하나의 대상이 이른바 여러 '준거 집합'(reference class)에 속할 수 있기 때문에 생긴다. 가령 연수는 우리 반 학생인데 서울에 살며, 주말마다 아르바이트를 하고 있고, 약한 디스크 증세가 있으며, 동아리에 가입해 있고, 남동생이 하나 있는 여자라고 해보자. 이때 연수는 다양한 준거 집합에 속할 수 있고,

각각의 준거 집합이 갖는 속성은 다를 수 있다. 이처럼 서로 일관적인 어떤 전제들로부터 상반되는 결론이 나올 수 있다는 현상을 일컬어 헴펠은 '귀납 통계적 설명의 애매성'(the ambiguity of inductive-statistical explanation)이라 부른다.

서로 경쟁하면서도 상반되는 결론을 지닌 두 설명이 있다면 이들에 대해 우리는 어떤 평가를 내려야 할까? 헴펠은 카르납(R. Carnap)이 제안한 '전체 증거의 요건'(the requirement of total evidence)이라는 귀납 논리의 준칙을 받아들인다. 이는 상반되는 결론을 지닌 경쟁하는 두 논증이 있을 때 우리는 관련한 모든 증거를 고려해서 판단해야 한다는 것이다. 헴펠 자신도 이런 착상을 받아들여 꽤 복잡한 방식으로 '최대 상세화의 요건'(the requirement of maximal specificity)을 규정하고 있다. 여기서는 이를 자세히 논의하지 않고(이에 대해서는 〈상자 2-4〉참조), 직관적인 수준에서 이 요건을 이해하기로 한다. 대략적으로 이는 준거 집합을 최대로 자세하게 나눈 다음 그 집단의 통계적 확률에 근거해 설명을 해야 한다는 것을 말해 준다. 이때 최대로 자세하게 나눈다는 것은 준거 집합을 더 나누더라도 통계적 확률이 달라지지 않는다는 의미이다. 가령 앞서 본 강희 사례의 경우 연쇄상 구균에 감염된 사람의 집합을 페니실린 내성이 있는 연쇄상 구균에 감염된 사람의 집합과 내성이 없는 연쇄상 구균에 감염된 사람의 집합으로 더 나눌수 있고, 어느 집합에 속하느냐에 따라 회복률이 달라진다는 점을 우리는 알고 있다. 따라서 단순히 연쇄상 구균에 감염된 사람의 집합에 속하는 사람의 회복률을 근거로 강희의 빠른 회복을 설명하는 귀납 통계적 설명 사례(40쪽)는 최대 상세화의 요건을 위반한 것이 되고, 이 때문에 올바른 설명이라고 할 수 없게 된다. 한편 페니실린 내성이 있는 연쇄상 구균에 감염된 사람들 가운데서는 이들을 더 나누더라도 그 집단들 사이의 회복률에 차이가 없다면, 이것은 최대 상세화의 요건을 충족한 상태가 될 것이고, 이에 따라 이에 근거한 설명 사례(43-44쪽)는 올바른 설명이라 할 수 있을 것이다.

〈상자 2-4〉 최대 상세화의 요건

헴펠은 최대 상세화의 요건을 아주 엄밀하게 규정하고 있다. 이를 잠깐 여기서 소개하기로 한다. 다음과 같은 귀납 통계적 설명이 있다고 하자.

$$P(G, F) = r$$
$$Fa$$
$$\rule{6cm}{0.4pt}[r]$$
$$Ga$$

이제 K를 가령 현재 시점에서 우리가 받아들이고 있는 모든 진술들의 집합이라고 하고, K의 모든 진술들을 연언으로 결합한 것을 k라고 하자. 그리고 앞의 귀납 통계적 설명에 나오는 전제들의 연언을 s라 하자. 헴펠에 따르면, 이때 K라는 지식 상황에서 앞의 귀납 통계적 설명이 받아들일 만한 것이 되려면 다음에 나오는 최대 상세화의 요건을 만족해야 한다.

s & k가 (1) a는 집합 F_1에 속한다는 것과, (2) F_1은 F의 부분집합이라는 것을 함축한다면, s & k는 또한 F_1인 것들이 G일 통계적 확률이 다음과 같다는 것을 말해 주는 진술도 함축해야 한다.
$$P(G, F_1) = r_1$$
여기서 r_1은 r과 같아야 한다.

이는 a가 F에 속하고 또한 이의 부분집합인 F_1에도 속한다는 것을 우리가 안다고 할 때, F가 G일 통계적 확률은 F_1이 G일 통계적 확률과 다르지 않아야 한다는 것이다. 다시 말해, a가 속하는 준거 집합을, 원래 집합의 부분집합이라는 의미에서 더 작은 것으로 잡더라도 G일 통계적 확률에는 차이가 없어야 한다는 것이다.

이 최대 상세화의 요건을 우리가 본문에서 본 연쇄상 구균 감염 사례에 적용해 보자. 우선 '강희'가 '페니실린 내성이 있는 연쇄상 구균에 감염된 사람'의 집합과 '연쇄상 구균에 감염된 사람'의 집합에 모두 속한다는 점이 분명하고, 또한 전자는 후자의 부분집합임도 분명하다. 따라서 40쪽에 나오는 첫 번째 설명 사례는 최대 상세화의 요건을 위반한 것임을 알 수 있다. 연쇄상 구균에 감염된 사람이 금방 회복할 통계적 확률은 아주 높은 반면('대부분 금방 낫는다'), 이의 부분집합인 페니실린 내성이 있는 연쇄상 구균에 감염된 사람이 금방 회복할 통계적 확률은 아주 낮은 것('대부분 금방 낫지 않는다')으로 나타나고 있어서 이 둘은 다르기 때문이다. 한편 페니실린 내성이 있는 연쇄상 구균에 감염된 사람을 다시 부분집합으로 나눌 경우에는 통계적 확률이 달라지지 않는다면, 두 번째의 설명 사례는 최대 상세화의 요건을 충족한 것이 되어 받아들일 만한 설명이 될 것이다.

연수의 오른손잡이 여부와 관련한 설명 사례(44쪽)에도 최대 상세화의 요건을 적용해 보면 애매성을 해소할 수 있다. 즉 우리는 최대 상세화의 요건을 이용해, 그 두 설명이 다 받아들일 만한 것은 아님을 보일 수 있다. 먼저 이 둘이 모두 최대 상세화의 요건을 지킨다고 해 보자. 이로부터 우리는 불합리한 결론이 나온다는 점을 보이기로 하겠다. 우선 제시된 설명으로부터 다음이 성립한다는 것을 알 수 있다.

$$P(G, F) = 0.8$$
$$P(\sim G, H) = 0.8$$

여기서 F, G, H는 각각 '우리 반 학생들', '오른손잡이', '연수가 속한 동아리 회원'이라는 속성을 나타낸다. 그런데 가정상 최대 상세화의 요건을 만족하므로 다음이 성립한다.

$$P(G, F\&H) = P(G, F) = 0.8$$
$$P(\sim G, F\&H) = P(\sim G, H) = 0.8$$

최대 상세화의 요건에 따를 때, 가령 F의 부분집합인 F&H가 G일 확률은 F가 G일 확률과 같아야 하고, 마찬가지로 H의 부분집합인 F&H가 ~G일 확률도 H가 ~G일 확률과 같아야 하기 때문이다. 그런데 확률 계산 규칙에 따를 때, 다음이 성립해야 하므로 이럴 수 없다.

$$P(G, F\&H) + P(\sim G, F\&H) = 1$$

결국 오른손잡이 여부와 관련한 두 설명이 모두 최대 상세화의 요건을 충족하는 것은 아니며, 이로써 둘 다 받아들일 만한 설명인 것은 아니라는 점은 분명하다.

2.4 유명한 반례들

포괄법칙 모형은 한때 설명에 관한 표준적 견해로 받아들여졌지만 이후 이에 대한 비판이 많이 나왔다. 우리는 여기서 널리 알려진 반례들을 소개하기로 하겠다. 먼저 DN 설명 모형에 대한 반례부터 살펴볼 텐데, 반례는 크게 보아 두 부류로 나눌 수 있다. 하나는 DN 설명 모형이 올바른 설명이기 위한 충분조건일 수 없다는 것을 보여주는 것이고, 다른 하나는 그것이 올바른 설명이기 위한 필요조건일 수 없다는 것을 보여주는 것이다. 특히 충분조건일 수 없음을 보여주는 두 개의 사례, '깃대 사례'와 '피임약 사례'는 앞으로 이 책 전체를 관통하여 자주 논의될 것이므로 이 단계에서 잘 이해해 두는 것이 좋다.

깃대 사례

운동장에 10미터 높이의 깃대가 서 있고, 그 깃대가 서쪽에 약간 기운 해를 받아 그림자를 드리우고 있는데, 그 그림자 길이가 7미터라고 하자. 이때 우리는 왜 그 깃대의 그림자 길이가 7미터인지를 DN 설명 모형에 따라 설명할 수 있다. 태양의 고도와 깃대의 높이 등의 초기조건과 빛의 전파와 관련한 일반법칙, 그리고 삼각함수 이론 등으로 이루어진 설명항으로부터 피설명항에 나오는 그림자의 길이를 도출해 낼 수 있다.

문제는 그 깃대의 높이도 같은 방식으로 도출할 수 있다는 점이다. 이번에는 깃대의 높이를 피설명항으로 잡고 깃대의 그림자 길이를 설명항에 포함시킨다고 해보자. 이때 우리는 앞서 사용한 설명항으로부터 그 깃대의 높이를 도출할 수 있다. 이에 따라 이것도 DN 설명 모형에 따른 설명 사례라고 해야 한다. 하지만 우리의 직관은 이것은 올바른 설명이 아니라는 것이다. 깃대의 그림자 길이를 깃대의 높이 등을 이용해 설명할 수는 있지만, 깃대의 높이를 깃대의 그림자 길이 등을 이용해 설명할 수는 없는 것으로 생각되기 때문이다.

깃대의 그림자 길이와 태양의 고도 등을 바탕으로 우리는 깃대의 높이를 역으로 추론할 수 있다. 쉽게 얘기해, 깃대의 그림자 길이가 저 정도인 것으로 보아 깃대의 높이가 얼마인지를 우리는 정확하게 추정해낼 수 있다. 이 점을 문제 삼는 것이 아니다. 중요한 점은 이것은 왜 그 깃대의 높이가 10미터인가에 대한 설명일 수 없다는 것이다. 우리가 이렇게 생각하는 이유는 깃대의 높이가 원인이고, 깃대의 그림자 길이는 그것의 결과라고 보기 때문이다. 우리는 원인에 의해 결과를 설명할 수는 있지만, 결과에 의해 원인을 설명할 수는 없다고 본다. 하지만 깃대 사례가 보여주듯이 DN 설명 모형은 이를 구분하지 못한다. 결국 일반법칙을 이용해 설명항이 피설명항을 함축하기만 하면 그것을 설명으로 여기는 규정은 너무 느슨하다는 점이 드러난 것이다.

피임약 사례

이번에는 다음 사례를 보자.

피임약을 매일 먹는 남자는 임신을 하지 않는다.
준호는 피임약을 매일 먹는 남자이다.
따라서 준호는 임신을 하지 않는다.

이는 연역적으로 타당한 논증이고, DN 설명 모형에 맞는 설명이라 할 수 있다. 하지만 우리는 이를 왜 준호가 임신을 하지 않았는지에 대한 올바른 설명이라 보지 않을 것이다.

피임약 사례도 일반법칙을 이용해 설명항이 피설명항을 함축하기만 하면 그것을 설명으로 여기는 규정은 너무 느슨한 것임을 말해 준다. 깃대 사례가 인과적 설명이 지니는 비대칭성을 DN 설명 모형이 제대로 포착하지 못한다는 점을 보여주는 것이라면, 피임약 사례는 피설명 현상의 발생과 실질적으로 무관한 이유를 들어 설명하는 것을 DN 설명 모형이 제대로 걸러내지 못한다는 점을 보여준다. 그래서 깃대 사례는 설명에 관한 논의에서 이른바 '설명의 비대칭성'(Explanatory Asymmetries) 문제를 제기하는 것으로 이해되고, 피임약 사례는 '설명의 무관성'(Explanatory Irrelevancies) 문제를 제기하는 것으로 이해된다. 좋은 설명 이론이라면 이 두 문제를 적절히 해결할 수 있어야 할 테고, 우리는 이 점을 이후 장에서 주의 깊게 검토할 것이다.

지금까지 본 사례는 일반법칙을 사용해 설명항이 피설명항을 함축한다는 것이 올바른 설명이기 위한 충분조건일 수 없음을 말해 준다. 이제 그것이 올바른 설명이기 위한 필요조건일 수 없음을 말해 주는 반례를 살펴보자. 자주 거론되는 사례는 다음이다.

잉크 자국 사례

연구실 책상 모서리 바닥의 카펫에 보기 흉한 잉크 자국이 선명하게 나있다. 이를 어떻게 설명할 수 있을까? 내가 어제 의자에서 일어나다가 책상 위에 뚜껑이 열린 채로 있던 잉크병을 건드려 그것이 바닥에 떨어져 쏟아지는 바람에 카펫에 얼룩이 생겼다.

이는 일상적으로 접할 뻔한 설명이며, 이 자체로 충분한 설명으로 생각된다. 하지만 이는 DN 설명 모형을 따른 것은 아니다. 여기에는 일반법칙에 대한 언급이 전혀 없기 때문이다. 이에 대해 누군가는 "이 설명에는 명시적으로 일반법칙이 나와 있지는 않지만 그럼에도 여기에는 어떤 일반법칙이 암암리에 전제되어 있다고 보아야 한다"라고 응수할지 모르겠다. 하지만 이때 그런 일반법칙은 전혀 필요하지 않으며, 그런 것을 염두에 두고 이런 설명을 제시하는 것도 아니라는 것이 비판의 요지이다. 이는 DN 설명 모형을 따르지 않더라도 올바른 설명이라고 할 수 있는 사례가 있다는 것으로, 이 점이 사실이라면 이는 DN 설명 모형이 올바른 설명을 지나치게 강하게 규정하고 있음을 말해 준다.

이제 IS 설명 모형에 대한 반례로 넘어가기로 하자.

매독과 마비 사례

어떤 환자에게 매독으로 인한 마비 증상이 나타났다. 이런 마비 증상은 3기 매독 때 나타나며 잠복 매독을 치료하지 않았을 경우 발생하는 것으로 알려져 있다. 이때 우리는 왜 그 환자가 마비 증상을 보이는지를 그가 잠복 매독을 치료하지 않았기 때문이라고 설명할 것이다. 그런데 잠복 매독을 치료하지 않은 사람들 가운데 약 25% 정도만 이런 마비 증상을 나타낸다고 알려져 있다.

환자의 마비 증상이 매독으로 인한 것임이 분명하다면 우리는 이를 올바른 설명으로 받아들일 것이다. 하지만 이때 사용된 통계법칙은 귀납적으로 강한 논증을 구성할 수 없다. 전제에 비추어 볼 때 결론이 참일 가능성이 높다고 할 수 없기 때문이다. 결국 이 사례는 올바른 설명이 되려면 좋은 논증이어야 한다는 주장이 더 이상 성립하지 않는다는 것을 보여준다. 통계적 확률이 높지 않아도 올바른 설명일 수 있는 것으로 보이기 때문이다. 더구나 이 사례는 설명과 예측의 구조적 동일성 논제도 무너뜨리게 된다. 이 경우 우리는 그 환자가 매독으로 인한 마비 증상을 보이지 않으리라고 예측할 것이기 때문이다.

비타민 C와 감기 사례

다음 사례는 통계적 확률의 높고 낮음이 그 자체로 중요한 요소는 아님을 더 극적으로 보여준다.

> 감기에 걸렸을 때 비타민 C를 많이 먹으면 대부분의 사람은 감기가
> 일주일 안에 낫는다.
> 강희는 감기에 걸렸다.
> 강희는 비타민 C를 많이 먹었다.
> 따라서 강희는 감기가 일주일 안에 나았다.

이는 강희의 감기가 일주일 안에 나았다는 사실을 IS 설명 모형에 따라
설명한 것이고 받아들일 만하다. 그런데 우리가 알듯이 감기는 특별한
치료를 하지 않더라도 때가 되면 대부분 저절로 낫는다. 이 점을 감안
해 비타민 C를 먹는 치료를 한 후 감기에서 회복되는 비율과 어떤 치료
도 하지 않고 저절로 회복되는 비율이 아래와 같은 두 상황을 가정해
보자.

	〈상황 1〉	〈상황 2〉
치료 후 회복률	70%	50%
저절로 회복률	80%	40%

〈상황 1〉에서 치료 후 회복률은 70%로 상당히 높다. 하지만 저절로
낫는 확률은 이보다 더 높다. 이때 강희가 일주일 안에 나았다는 사실
을 그가 비타민 C를 먹었기 때문이라고 한다면 이는 직관적이지 않은
것 같다. 도리어 저절로 나았다고 보는 것이 더 합리적일 것이다. 이는
높은 확률이 그 자체로 올바른 IS 설명이 되기 위한 충분조건일 수 없
음을 보여준다. 한편 〈상황 2〉에서는 치료 후 회복률이 50%로, 이는
높다고 할 수 없다. 하지만 이 수치는 저절로 회복되는 비율 40%보다

는 여전히 높다. 이때는 강희가 일주일 안에 나았다는 사실을 그가 비타민 C를 먹었기 때문이라고 설명한다면 이를 받아들일 수 있을 것 같다. 이는 높은 확률이 그 자체로 올바른 IS 설명이 되기 위한 필요조건일 수 없음을 보여준다. 이 두 상황에 대한 우리의 판단이 옳다면, 이는 우리에게 중요한 것은 높은 확률이 아니라 다른 무엇임을 시사해 준다.

마치며

지금까지 우리는 헴펠이 제시한 포괄법칙 모형을 살펴보았고, DN 설명과 IS 설명의 반례들도 살펴보았다. 반례가 의미하는 문제점이 정확히 무엇인지에 대한 진단은 서로 다를 수 있다. 이처럼 문제점에 대한 진단이 서로 다르면, 해결 방안도 서로 다르게 제시하게 될 것이다. 우리는 어떤 식의 출구를 모색해야 할까?

우리는 헴펠의 이론이 올바른 설명이 되기 위한 필요조건을 제시하기는 하지만 충분조건을 제시하는 것은 아니라는 진단에서 해결 방안을 모색할 수 있다. 이런 노선에 선다면 다른 요소를 추가해 올바른 설명이 되기 위한 충분조건을 구성해야 할 것이다. 다른 한편으로, 헴펠의 이론은 올바른 설명이 되기 위한 충분조건을 제시할 수 없을 뿐만 아니라 필요조건도 제시할 수 없다고 보고 새로운 접근 방안을 시도할수도 있다. 그런 방안에도 여러 가지가 있을 텐데, DN 설명 모형의 반례에서 보듯이 인과적 요소를 충분히 고려하지 않아서 생기는 문제라고 본다면 인과적 설명에 맞는 방향으로 새로운 설명 모형을 제안할 수도 있을 것이다. 나아가 헴펠의 설명 모형은 설명이 좋은 논증이어야한다는 기본 전제 위에 서 있는데, 이것이 바로 문제의 원천이라고 볼수도 있다. 아니면 설명이 요구되는 구체적 맥락을 도외시하고 추상적

인 설명 모형을 제시하려는 시도가 문제의 시발점이라고 보고 새로운
접근법을 제안할 수도 있을 것이다. 이어지는 장에서 우리는 다양한 방
안들을 구체적으로 보게 될 것이다.

더 읽을거리

포괄법칙 모형에 대한 헴펠의 견해는 다음 책에 들어 있다.

Hempel, C. G. (1965), *Aspects of Scientific Explanation and Other Essays in the Philosophy of Science*, Free Press. 이 책은 우리말로 번역되어 있다. 『과학적 설명의 여러 측면 그리고 과학철학에 관한 다른 논문들』제2권, 전영삼, 여영서, 이영의, 최원배 옮김(나남, 2011).

포괄법칙 모형에 대한 평가와 이후 논의에 관심이 있다면 다음 글을 보면 된다.

Salmon, W. C. (1990), *Four Decades of Scientific Explanation*, University of Pittsburgh Press.

Woodward, J. & L. Ross (2021), "Scientific Explanation", *Stanford Encyclopedia of Philosophy*, https://plato.stanford.edu/entries/scientific-explanation/.

3

통계 연관적 설명과
인과 메커니즘적 설명 모형

이 장에서는 새먼(Wesley C. Salmon, 1925-2001)의 설명 모형에 대해 소개한다. 앞서 헴펠의 연역 법칙적(DN) 설명 모형은 설명의 문제에서 나름의 전형성을 지니고 있었다. 특히 자연법칙을 이용하는 과학의 영역에서 그러하다. 하지만 그 나름대로 난점들이 없지 않았다. 나아가 그의 또 다른 설명 모형인 귀납 통계적(IS) 설명은 매우 심각한 문제점들을 지니고 있었다. 이에 대해 한 가지 유력한 대안이 될 수 있는 것이 바로 새먼의 설명 모형이다. 그는 처음에는 통계 연관적 설명 모형(Statistical Relevance model of explanation, SR)으로부터 출발해, 이윽고 인과 메커니즘적 설명 모형(Causal Mechanical model of explanation, CM)에 이르렀다. 그러므로 이 장에서는 통계 연관적 설명 모형과 인과 메커니즘적 설명 모형을 함께 연관 지어 해명해 나아가기로 한다.

3.1 약물 부작용과 귀납 통계적 설명 모형

가상이긴 하나, 있을 법한 다음의 사례로 시작해 보자. 어느 날 아침, 김 씨의 팔다리 부위에 심한 가려움증과 함께 갑자기 두드러기가 나타난다. 그 전날을 떠올려 볼 때, 대체로 평소와 다른 점을 생각하기는 어려웠다. 다만 짚이는 게 있다면, 어제 저녁 몸살기가 있어 '슈어펙트' 두 알을 먹고 잠들었다는 점뿐이다. 그 약은 몸살기가 있는 많은 사람들에게 꽤 효과가 있는 것으로 널리 알려져, 김 씨의 가족들도 가끔 복용해 좋은 효과를 보았고, 이에 따라 김 씨 역시 별생각 없이 집에 남아 있던 그 약을 복용했던 것이다. 그렇다면 김 씨의 급성 두드러기 증상을 그 약의 부작용으로 설명할 수 없는 것일까?

　부작용 없는 약물을 찾기란 어렵다. 하지만 대개의 약물 설명서에서 쉽사리 볼 수 있듯, 그러한 부작용은 "매우 드물게" 나타날 뿐이다. 그러한 부작용이 나타날 확률이 매우 작다는 의미다. 예컨대 슈어펙트의 경우, 몸살기가 있어 그 약을 복용한 사람들 가운데 대략 100만 명당 1명 정도로 급성 두드러기 증상이 나타날 뿐이다. 통계적 확률로 보면, 0.000001일 따름이다. 그러므로 이처럼 아주 작은 확률에 근거해, 어쩌면 김 씨가 슈어펙트 복용 후 두드러기 증상으로 고통을 받는 경우, 그것은 그 약물 때문이 아니라고 생각할 수도 있다. 달리 말해, 그러한 증상의 발생 사실을 해당 약물의 부작용으로 설명할 수 없다는 것이다. 흥미롭게도 이와 같은 발상은 앞 장에서 소개한 헴펠의 귀납 통계적 설명 방식에 잘 들어맞는다. 왜냐하면 그 설명 방식에 따르면, 슈어펙트 복용과 그 이후 급성 두드러기 증상 사이의 일정한 관계를 보여주는 통계법칙이 아주 작은 확률을 보여주는 경우, 그러한 법칙의 특수한 한 사례에 대해 우리가 기대할 수 있는 확률 역시 매우 작기 때문이다. 이와 같은 기대의 확률이 아주 작은 경우, 헴펠의 설명 모형에서는 그 피설명항에 해당하는 사건을 제대로 설명할 수 없다고 본다.

이것은, 연역적이건 귀납적이건, 설명을 하나의 '논증'(argument)으로 파악하고 있는 헴펠의 필연적 귀결 중 하나다. 하나의 논증 내에서라면, 그 전제들이 해당 결론을 얼마나 잘 뒷받침하느냐가 관건이다. 연역 논증에서라면, 그 전제들이 해당 결론을 완전히 뒷받침한다. 그 결론의 내용이 전제들의 내용을 넘어서지 못하기 때문이다. 반면 귀납 논증에서는 그 결론의 내용이 전제들의 내용을 넘어서긴 하나, 그것이 완전히 넘어서지 않는 한, 부분적인 정도로써 해당 전제들이 그 결론을 일정 정도 뒷받침할 수 있다. 물론 이 정도는 크면 클수록 좋다. 헴펠의 귀납 통계적 설명 모형은 이와 같은 귀납 논증의 틀을 따르고 있다. 귀납 논증에 있어 전제가 결론을 뒷받침하는 정도가 설명의 모형에서는 그에 대응하는 확률로 바뀌고, 그 확률은 설명 모형 중의 통계법칙이 갖는 확률로부터 파생된다. 그러므로 문제의 통계법칙이 아주 낮은 확률을 갖는 경우, 우리는 그 피설명항은 제대로 설명할 수 없다.

물론 앞서의 사례에서 김 씨가 갖고 있을 법한 여러 가지 부가적인 조건들, 예컨대 그가 음주를 즐긴다든지, 아니면 별도로 고지혈증이 있다는 등등의 조건을 붙여, 그러한 조건하에서 슈어펙트 복용과 급성 두드러기 증상 사이의 통계적 확률을 높여 볼 수도 있다. 말하자면 김 씨가 속할 수 있는 준거 집합을 가능한 한 좁혀 해당 사건을 설명해 낼 수 있는, 한층 더 높은 확률의 통계법칙을 확립해 보자는 것이다. 그리고 이것이 사실이라고 해보자. 즉 김 씨가 평소에 음주를 즐기며 고지혈증이 있는데, 바로 그와 같은 사람들이 몸살기가 있어 슈어펙트를 복용하게 되면 급성 두드러기 증상을 보일 확률이 한층 더 높아진다는 것이다. 그렇다면 혹 이렇게 수정된 새로운 통계법칙하에서 어쩌면 김 씨의 사건을 다시 설명해 낼 수 있다고 생각할지 모른다.

하지만 문제는, 그러한 전략을 구사한다 할지라도, 어떠한 조건하에서든 끝내 그 사건이 발생할 확률이 매우 작은 경우들이 존재한다는 점이다. 그 좋은 예가 자연 상태에서 우라늄 238의 알파 붕괴이다. 이 경우 그 물질은 반감기가 45억 년으로, 그보다 아주 짧은 시간 동안 그것이 붕괴할 확률은 극히 낮다. 그럼에도 불구하고 우리는 그 붕괴의 결과인 알파 입자(헬륨 핵)의 방출을 우라늄의 붕괴로써 설명한다. 이 경우, 이 확률을 높일 만한 별도의 조건을 찾기란 어렵다. 그러므로 김 씨의 사례에서도 부가 조건들을 고려해 어느 정도 문제의 통계법칙의 확률을 높일 수 있다 할지라도, 그 확률이 충분히 높아진다는 보장은 없다. 애초부터 그 사태의 성격상 급성 두드러기 증상의 발생 확률이 매우 낮을 수 있기 때문이다. 그리고 이 또한 사실이라고 해보자. 그리하여 몸살기가 있어 슈어펙트를 복용한 사람들 가운데 특히 음주를 즐기며 고지혈증이 있는 사람이 급성 두드러기 증상을 나타내는 경우는 대략 10만 명당 1명이라고 해보자. 그렇다면 이 경우 확률은 처음의 0.000001에 비해 상당히 높아진 0.00001이다. 그럼에도 불구하고 이 확률은 헴펠의 관점에서는 여전히 낮은 확률이다. 그렇다면 이 경우 그 충분치 못한 확률 때문에 여전히 두드러기 증상을 문제의 약물 부작용으로 설명할 수 없는 것인가?

게다가 높은 확률과 낮은 확률이 서로 대칭 관계를 이루는 경우들도 있다. 예컨대 앞면에 큰 무게가 실려 편향된 동전 하나를 여러 차례 던진다고 해보자. 이 경우 앞면이 나올 확률은 1/2보다 커, 예컨대 2/3가 될 수 있다. 그렇다면 이때 그 동전을 던져 앞면이 나온 결과는 그 동전을 던져 앞면이 나올 확률이 2/3라는 높은 확률로써 설명 가능할지 모른다. 그런데 이 경우 그 동전의 뒷면이 나올 확률은 상대적으로 작은 확률인 1/3일 뿐이다. 그렇다면 이때 그 동전의 뒷면이 나온 결과는 낮은 확률인 1/3로써 설명 불가능한 것일까? 그 낮은 확률에도 불구하고 이때에도 역시 앞면이 나온 경우와 마찬가지로 설명 가능한 것으로 보아야만 하지 않을까?

이전 제2장에서 문제되었던 '매독과 마비' 사례나 '비타민 C와 감기' 사례 역시 이와 무관치 않다. 매독에 의해 마비 증상이 나타날 확률이 낮을지라도, 바로 그 때문에 매독으로 마비 증상을 설명하지 못한다고 보기 어렵다. 마찬가지로 비타민 C에 의해 감기에서 회복될 확률 역시 낮다 할지라도, 바로 그 때문에 비타민 C의 섭취로 감기 회복의 결과를 설명하지 못한다고 보기 어렵다.

그러므로 문제가 그다지 간단치 않음을 직감할 수 있다. 김 씨가 급성 두드러기 증상으로 고통을 받게 된 것이 슈어펙트의 복용 때문이라 설명할 수 있는가 없는가? 이러한 물음에 대한 답은 단지 그 답의 여부로써 급성 두드러기 증상과 '슈어펙트'라는 약물 사이의 관계에 대한 우리의 이해를 증진시키느냐 못하느냐의 여부에 그치지 않는다. 실제적으로 의약 전문가들과 환자들에게 건강과 관련된 초미의 관심사일 수밖에 없다. 바로 이러한 상황에서 새먼은 우선 그의 통계 연관적 설명 모형으로써 그에 적절히 대처할 수 있다고 생각하였다.

3.2 통계 연관적 설명 모형

새먼의 통계 연관적 설명 모형에서 핵심은 설명항과 피설명항 사이의 '연관성'이다. 그리고 이야말로 그가 설명을 하나의 '논증'으로 보는 헴펠에 반대하는 주요 이유 가운데 하나이다. 이를 위해 다음의 귀납 통계적 설명 사례를 하나 생각해 보자.

(IS 2–1)

피임약을 복용하는 사람이 임신하지 않을 확률은 대략 0.95이다.

준호는 피임약을 복용한 남자이다.

== [0.95]

준호는 임신하지 않았다.

이는 준호가 임신하지 않았다는 사실을 설명하는 귀납 통계적 설명으로서 일견 문제가 없어 보인다. 왜냐하면 피임약을 복용한 사람이 임신하지 않을 통계적 확률이 0.95로서 높은 확률이라면, 그에 근거해, 피임약을 복용한 준호가 역시 임신하지 않았다고 기대할 만한 확률 역시 매우 높아 보이기 때문이다. 그러나 준호가 여자 아닌 남자라는 사실을 염두에 둔다면, 이것은 매우 이상해 보인다. 왜냐하면 우리의 배경 지식으로 볼 때, 남자가 임신을 하지 못한다는 사실은 너무나 당연하기 때문이다. 이로 볼 때, 준호가 임신을 하지 않았다는 것은 그가 피임약을 복용했기 때문이 아니라 바로 그가 남자이기 때문이라고 보아야만 할 듯하다. 그가 피임약을 복용했다는 사실은 그가 임신을 하지 않았다는 사실과는 아무런 연관성이 없어 보이는 것이다. 이 경우라면 오히려 그가 남자라는 사실이야말로 그가 임신하지 않았다는 사실에 결정적인 연관성이 있고, 이것으로써 설명이 이루어져야만 할 것으로 보인다.

이와 같은 사정은 위의 설명에서 첫 번째 명제를 바꿔 다음과 같이 설명을 한다 할지라도 근원적으로 달라지지 않는다.

(DN 2–1)

피임약을 복용하는 모든 남자는 임신하지 않는다.
준호는 피임약을 복용한 남자이다.

준호는 임신하지 않았다.

지금과 같은 사례에서는 피임약을 복용한 모든 남자가 임신하지 않을 확률이 1이다. 그러므로 확률로서는 그 이상 클 수 없는 최대의 확률이다. 이 경우 사실, 위의 설명을 하나의 논증으로 본다면, 그 논증은 타당한 연역 논증이다. 그러므로 이때 두 전제를 모두 참이라고 본다면, 그 결론 역시 반드시 참이다. 그럼에도 불구하고 이 경우에도 준호가 임신을 하지 않은 사실을 그가 피임약을 복용했기 때문이라고 본다는 것은 여전히 우스운 일이다. 게다가 위의 두 전제를 그대로 유지하는 한, 타당한 연역 논증의 특징상, 그 결론에 불리한 새로운 전제, 예컨대 '준호가 임신 가능성을 높이는 또 다른 약물을 복용했다'는 전제를 추가한다 할지라도 그 논증의 타당성에 변화가 있는 것은 결코 아니다.

그러므로 새먼이 보기에, 귀납이 되었든 연역이 되었든, 어떤 설명 과정을 단순히 논증 과정으로 보는 일은 적어도 설명의 핵심 요소 중 하나를 결여한 것이다. 온전한 설명이 이루어지기 위해서는 설명항과 피설명항 사이의 어떤 연관성을 보여줄 수 있어야만 한다. 하지만 이것이 어떻게 가능한가? 이를 위해 다음의 예로 시작해 보자.

어느 날, 진수가 갑자기 귀에 심한 통증을 느껴 이비인후과를 찾게 된다. 진단 결과 급성 중이염으로 판명되고, 항생제 투여 결과 이틀 만에 상당한 호전을 보게 된다.

그렇다면 이 경우 진수의 중이염 증상이 빠르게 호전된 사실을 어떻게 설명할 수 있을 것인가?

물론 이 경우 그 가장 자연스러운 설명 방식은 '항생제 투여 때문'이라는 식의 답변일 법하다. 그런데 이 답이 유효하기 위해서는 반드시 염두에 두어야만 할 사항이 있다. 바로 문제의 항생제 투여 외에는 그처럼 빠른 호전이 나타나는 경우가 매우 드물다는 사실이다. 만일 이 점이 확인되지 않는다면, '항생제 투여 때문'이라는 답은 그 힘을 잃게 된다. 왜냐하면 그와 같은 상황하에서는 진수의 중이염 증상이 빠르게 호전된 사실이 항생제의 투여 때문이 아닐 수도 있기 때문이다. 예컨대 이 경우 급성 중이염의 증상을 보이는 대부분의 사람들에서 항생제 투여를 받지 않는다 할지라도 자연적으로 그 증상이 빠르게 호전된다고 가정해 보자. 그렇다면 우리는 진수의 증상이 빠르게 개선된 사실이 과연 항생제 투여 때문인가라고 의구심을 가질 수밖에 없다.

그러므로 이 경우 설명이 필요한 사실, 즉 진수의 증상이 빠르게 호전되었다는 사실에 대해 효과적인 설명이 이루어지기 위해서는 반드시 그와 같은 증상의 개선과 항생제 사이에 모종의 **연관성**(relevance)이 있음을 보여줄 필요가 있다. 하지만 이를 어떻게 보여줄 수 있을 것인가?

그 한 가지 자연스러운 방식은, 급성 중이염 증상에 대해 항생제를 투여하지 않았을 때와 투여했을 때 각기 그 증상이 빠르게 개선될 확률에 차이가 있음을 보여주는 방식이다. 예컨대 급성 중이염 증상에 대해 항생제 투여 없이 그대로 자연 치유에 맡길 경우라면, 실제 통계 조사로 볼 때, 그 증상이 빠르게 개선될 확률이 일반적으로 0.25이나, 항생제 투여를 할 경우에는 그 확률이 0.85라고 해보자. 그렇다면 이와 같은 확률의 차이야말로 급성 중이염의 개선에 항생제 투여가 깊이 연관

되어 있음을 보여주는 것이 아닐까? 즉 사람들에게 급성 중이염 증상
이 있으나 항생제 투여를 함에 따라 그 조건하에서 문제의 증상이 빠르
게 호전될 조건부 확률과, 급성 중이염 증상에도 불구하고 항생제 투여
를 하지 않은 상태에서 그 증상이 빠르게 호전될 조건부 확률 사이에
차이가 있다면, 문제의 항생제 투여야말로 급성 중이염 개선에 결정적
으로 연관되어 있다는 것이다.

좀 더 정확한 이해를 위해 이를 기호화해 살펴보자. 우선 사람들에게
나타나는 급성 중이염 증상과 같은 속성을 A라고 해보자. 그리고 그러
한 증상이 빠르게 호전되는 현상을 B, 또한 항생제 투여라는 사건을 C
라고 해보자. 그렇다면 어떤 확률값을 정해 주는 확률 함수를 P라 할
때, 다음과 같은 확률 관계가 성립할 경우, 일단은 C가 B와 연관성이
있는 것으로 볼 수 있다.

(SR 2-1)

P(증상의 빠른 호전 | 급성 중이염 증상 & **항생제 투여**)
≠ P(증상의 빠른 호전 | 급성 중이염 증상)

$P(B \mid A\&C) \neq P(B \mid A)$ (단 $P(C) \neq 0$)

이는 확률적으로 A와 C를 조건으로 한 B의 조건부 확률이 A만을 조건
으로 한 B의 조건부 확률과 같지 않을 때(즉 크거나 작을 때), C가 B와
연관성이 있음을 주장하는 셈이다. 이는 B가 확률적으로 C에 독립적이
지 않음을, 곧 의존적임을 뜻한다.

다만 이때의 연관성은 통계적 확률에 기반을 둔 것이므로, 좀 더 정

확히는 **C가 B와 통계적으로 연관성이 있다**(statistically relevant)고 말한다. 여기서 A, B, C 등은 때로는 속성, 때로는 현상, 때로는 사건이나 사실을 가리키기도 하나, 공통적으로는 모두 그러한 것들이 적용될 수 있는 대상들로 이루어진 하나의 집합으로 이해할 수 있다. 따라서 방금 언급한 '통계적 연관성'은 이와 같은 집합의 원소들 사이에 발견되는 통계적 관계를 말한다. 물론 기법상으로 차이가 있으나, 이는 개념적으로 통계학에서 말하는 C와 B 사이의 상관관계와 크게 다르지 않다. 양의 방향으로든 음의 방향으로든 C와 B 사이의 모종의 연관관계를 말해 주고 있기 때문이다.

　이러한 관점하에서라면, 자연히 B와 관련해 집합 A 가운데 어느 부분이 집합 C에 해당되고 어느 부분이 그렇지 않은가를 가르는 일이 매우 중요하다. 중이염 예에서라면, 급성 중이염 증상을 보이는 사람들 가운데에서도 항생제 투여를 받은 사람과 그렇지 않은 사람들의 집합으로의 구별을 말한다. 전자를 A&C라 한다면, 후자는 A&~C와 같이 나타낼 수 있다. 그런데 이때 일단 그러한 C 이외에는 B와 연관될 수 있는 추가 집합이 더 이상 없다고 가정해 보자. 즉 B와 관련해 C 이외에 집합 A를 더욱 상세히 나눌 별도의 집합이 없다고 해보자. 그렇다면 이로써 A&C와 A&~C는 더 이상 다른 연관 집합 없이 집합 A를 남김없이 두 가지로 분할할 수 있는 것으로 볼 수 있다. 이처럼 별도의 추가적 연관 집합 없이 B와 관련해 바로 집합 A를 남김없이 분할할 수 있는 부분 집합들로 이루어진 하나의 집합을 **A의 동종 분할 집합**(a homogeneous partition of A)이라 부른다. 지금의 예에서라면, {A&C, A&~C}가 곧 A의 동종 분할 집합을 이루는 셈이다(이에 대한 좀 더 엄밀한 규정을 위해서는 뒤의 〈상자 3-2〉참조). 이는 급성 중이염 증상을 보이는 사람들을 두고, 그 증상과 관련해 더 이상 연관될 법한 집합 없이 그들을 모두 동일하게 항생제 투여를 받은 사람들과 그렇지 않은 사람들로 빠짐없이 구별하였음을 뜻한다. 바로 급성 중이염 증상에 연관될 법한 요인을 정확히 가려내기 위한 전략이다.

이러한 상태에서 이제 우리가 원하는 바는 곧 C가 B에 제대로 통계적으로 연관되느냐의 여부이다. 즉 급성 중이염 증상에도 불구하고 항생제를 투여했다는 사실이 그 증상의 빠른 호전에 통계적으로 연관되느냐의 여부이다. 만일 그렇다고 한다면, 위의 (SR 2-1)에 따라 다음이 성립해야만 할 것이다.

(SR 2-2)

P(증상의 빠른 호전 | 급성 중이염 증상 & **항생제 투여**)
≠ P(증상의 빠른 호전 | 급성 중이염 증상 & **항생제 미투여**)

$$P(B \mid A\&C) \neq P(B \mid A\& \sim C)$$

따라서 만일 우리가 일반적으로 실제 통계 조사에 의해 위의 확률 관계가 성립한다는 사실을 알게 된다면, 위에서 말한 진수가 왜 급성 중이염 증상에서 빠르게 호전되었는가라는 물음에 우리는 바로 다음과 같이 답해 줄 수 있다. 즉 진수는 위의 동종 분할 집합 {A&C, A&~C} 가운데 첫 번째 집합인 A&C의 원소라는 것이다. 이것이 지금의 단순 사례에 대한 통계 연관적 설명의 하나이다. 풀어 말한다면, 어느 날 갑자기 급성 중이염 증상을 보인 진수가 빠르게 호전된 것은, 진수가 포함된 집단 내에서 급성 중이염 증상을 보이는 사람들에게 적절한 항생제를 투여하면 빠른 호전을 보인다는 사실이 통계적으로 확

립되어 있고, 바로 진수에게 문제의 항생제가 투여되었기 때문이라는
것이다.

이때 중요한 점은, B에 해당하는 어느 사례를 올바로 설명하기 위해
서는 위와 같은 동종 분할 집합이 정확히 설정되어야만 한다는 점이다.
만일 집합 A 내에서 B와 연관될 수 있는 것으로 C 이외에 또 다른 D가
있어, 그와 같은 D가 B의 확률에 영향을 미치게 된다면, A&C와
A&~C는 아직 제대로 된 동종 분할 집합을 이룰 수 없고, 이에 따라
우리가 원하는 올바른 통계 연관적 설명에 이를 수도 없다. 예컨대 급
성 중이염 증상이 있는 사람들에게 항생제를 투여한다 할지라도, 그와
같은 항생제에 내성이 있는 경우와 없는 경우에 따라 증상의 신속한 호
전에 차이가 생긴다면, 단지 항생제를 투여했다는 사실만으로 증상의
신속한 호전을 설명할 수는 없을 것이다. 따라서 만일 항생제에 대해
내성이 있다는 사실을 D로 나타낸다면, 집합 A는 다시 A&C&D,
A&~C&D, A&C&~D, A&~C&~D와 같이 나뉠 수 있고, 이로
써 과연 어떤 것이 올바른 동종 분할 집합을 이룰 수 있을지 새로운 탐
구가 필요하다. 집합 A를 분할할 경우, B와 연관될 수 있는 것은 빠짐
없이 고려하고, 그렇지 않은 것은 분명히 배제하는 일이 필요하다. 결
국 동종 분할 집합이란 피설명항과 통계적으로 연관될 수 있는 요소들
만으로 완벽하게 구별된 집합을 의미하기 때문이다.

〈상자 3-1〉 집합과 명제 사이의 관계

지금 우리의 논의에서는 A, B, C, D 모두 기본적으로 집합을 나타
내는 것으로 간주하고 있다. 따라서 이들 사이의 연산 역시 집합들
사이의 연산으로 파악해야 할 것이다. 그렇다면 이를 위해 우리는 또
한 여집합, 교집합, 합집합 등에 해당하는 집합의 연산기호를 사용할

필요가 있다. 하지만 지금의 경우 각각의 집합은 그에 해당하는 명제로 쉽사리 전환이 가능하다. 예컨대 하나의 주사위를 던진다 할 때, 홀수의 눈이 나타날 사건은 집합 A = {1, 3, 5}에 해당한다. 그렇다면 우리는 '사건 A가 나타났다'는 식으로 집합 A에 대응하는 명제를 쉽사리 만들어 낼 수 있다. 따라서 만일 집합 A와 B의 교집합 A∩B에 대해서라면, '사건 A와 사건 B가 동시에 나타났다'와 같은 명제를 대응시킬 수 있을 것이다.

이처럼 생각한다면, 집합에 있어 여집합, 교집합, 합집합은 각각 그에 대응해 어떤 명제의 부정, 어느 두 명제의 연언, 어느 두 명제의 선언으로 간주할 수 있다. 여기서 말하는 '부정'(否定, negation)은 일상용어로 '아니다'(not)에 해당하는 결합사이며, 이를 기호로 '~'와 같이 나타낸다. '연언'(連言, conjunction)은 일상용어로 '그리고'(and)에 해당하고, 기호로 '&'와 같이 나타낸다. 또한 '선언'(選言, disjunction)은 일상용어로 '또는'(or)에 해당하고, 기호로 '∨'와 같이 나타낸다. 그러므로 본문에서는 집합을 기본으로 하면서도, 집합의 연산기호를 사용하는 대신, 그에 대응하는 명제들의 결합사 기호들을 사용하였다. 시각적으로 보기 편할 뿐만 아니라, 일상적 맥락에서 해당 내용을 이해하기에 훨씬 편리하기 때문이다.

그렇다면 이제 이처럼 항생제 투여뿐 아니라 항생제에 대한 내성 여부까지를 고려해, 급성 중이염 증상을 보인 진수가 왜 빠르게 증상의 호전을 보이게 되었는가를 설명하는 과정에 대해 다시 생각해 보자. 이처럼 새로운 상황하에서라면, 급성 중이염 증상이 있는 사람에게 항생제를 투여한다 할지라도, 만일 그에게 항생제 내성이 있다면 그 효과가 제대로 나타나지 않으리라는 점이 관건이다. 이때에는 그에게 항생제를 투여한다 할지라도, 그 결과는 그에게 전혀 항생제를 투여하지 않았을 때와 마찬가지일 것이다. 그리고 그처럼 항생제를 투여하지 않는 경우라면, 그에게 항생제 내성이 있든 없든 그것은 증상의 신속한 호전에 아무런 영향도 미치지 못할 것이다. 따라서 이를 확률적으로 나타내면 다음과 같다.

(SR 2-3)

P(증상의 빠른 호전 | 급성 중이염 증상 & 항생제 투여 & 내성 있음)
= P(증상의 빠른 호전 | 급성 중이염 증상 & 항생제 미투여 & 내성 있음)
= P(증상의 빠른 호전 | 급성 중이염 증상 & 항생제 미투여 & 내성 없음)

$$P(B \mid A\&C\&D) = P(B \mid A\&{\sim}C\&D) = P(B \mid A\&{\sim}C\&{\sim}D)$$

하지만 이제 급성 중이염 증상이 있되 내성이 없는 사람에게 항생제 투여를 한다면 그것은 확실히 증상의 신속한 호전에 연관될 법하다. 그리하여 이러한 점까지 고려해 위의 (SR 2-3)에 덧붙인다면 다음과 같다.

(SR 2-4)

P(증상의 빠른 호전 | 급성 중이염 증상 & 항생제 투여 & 내성 있음)
= P(증상의 빠른 호전 | 급성 중이염 증상 & 항생제 미투여 & 내성 있음)
= P(증상의 빠른 호전 | 급성 중이염 증상 & 항생제 미투여 & 내성 없음)
≠ P(증상의 빠른 호전 | 급성 중이염 증상 & **항생제 투여** & **내성 없음**)

$$P(B \mid A\&C\&D) = P(B \mid A\&\sim C\&D) = P(B \mid A\&\sim C\&\sim D)$$
$$\neq P(B \mid A\&C\&\sim D)$$

따라서 지금의 경우에는 B와 관련해 {(A&C&D)∨(A&∼C&D)∨ (A&∼C&∼D), A&C&∼D}가 하나의 동종 분할 집합을 이루는 것으로 볼 수 있다. 이는 바로 급성 중이염 증상이 빠르게 호전된다는 사실(B)과 연관된 것이 정확히 무엇인가를 보여주는 집합이 되는 셈이다. 곧 항생제를 투여하는 일(C)의 여부와 그 항생제를 투여받은 사람에게 내성이 있느냐(D)의 여부이다.

이처럼 급성 중이염 증상이 있되 내성이 없는 사람에게 항생제를 투여하는 일과 관련해 동종의 분할 집합을 정할 수만 있게 된다면, 급성 중이염을 앓던 진수가 항생제를 투여받고 빠르게 호전이 되었다는 사실에 대한 통계 연관적 설명이란 결국 그 진수가 위의 분할 집합 중 두 번째 부분 집합, 즉 A&C&∼D, 달리 말해 급성 중이염 증상이 있으나 항생제 투여를 받고 그에 대한 내성이 없는 사람들의 집합에 속하는 한 원소임을 밝히는 일 외에 아무것도 아니다.

〈상자 3-2〉 통계 연관적 설명의 일반 도식

이상의 논의에 따라 결과적으로 'C가 B와 통계적으로 연관성이 있다'고 할 경우, 이는 (SR 2-1)으로 규정하든 (SR 2-2)로 규정하든 마찬가지다. 이때 집합 A, B, C 사이의 관계는 다음 그림으로 쉽사리 이해 가능하다.

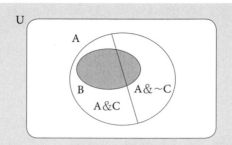

전체 집합 U 내에서
집합 A, B, C 사이의 관계

이를 확대해, 좀 더 일반적으로 집합 A를 여러 부분 집합 C_i로 남김
없이 분할할 수 있고(한층 더 정확히는 그 부분 집합들이 A와 관련
해 상호 배타적이며 망라적mutually exclusive and exhaustive이
고), B와 연관될 수 있는 또 다른 추가 집합 없이 C_i만으로 다음의
확률 관계가 성립할 때,

$$P(B \mid A\&C_i) \neq P(B \mid A\&C_j) \quad (\text{단 } i \neq j)$$

그 부분 집합들로 이루어진 하나의 집합을 'A의 동종 분할 집합'이
라 부른다. 예컨대 앞서 급성 중이염 증상을 보인 진수가 항생제 투
여 후 빠른 호전을 보인 사례와 관련해서라면, C가 C_1에, 그리고
~C가 C_2에 해당해, 두 부분 집합 $A\&C_1$과 $A\&C_2$로 이루어진 집합
$\{A\&C_1, A\&C_2\}$가 A의 동종 분할 집합을 이루는 셈이다.

하지만 A 내에서 B와 연관될 수 있는 것으로 C 이외에 또 다른 D
가 있어, 그와 같은 D가 B의 확률에 영향을 미치게 된다면, $A\&C_1$
과 $A\&C_2$는 아직 제대로 된 동종 분할 집합을 이룬다 할 수 없다.

앞서 예로 든 대로, 급성 중이염 증상이 있는 사람들에게 항생제를 투여한다 할지라도, 그러한 항생제에 내성이 있는 경우와 없는 경우에 따라 증상의 신속한 호전에 차이가 생긴다면, 단지 항생제를 투여했다는 사실만으로 증상의 신속한 호전을 설명할 수는 없기 때문이다. 따라서 만일 항생제에 내성이 있다는 사실을 D로 나타낸다면, 집합 A는 다시 A&C&D, A&~C&D, A&C&~D, A&~C&~D 와 같이 나눌 필요가 있다. 지금의 사례에서라면, 앞서 언급한 대로, B와 관련해 {(A&C&D)∨(A&~C&D)∨(A&~C&~D), A&C&~D}가 하나의 동종 분할 집합을 이루게 될 것이다. 그런데 이때 배분법칙을 사용하면, 이는 좀 더 간단히 {A&[(C&D)∨(~C&D)∨(~C&~D)], A&C&~D}와 같이 나타낼 수 있다. 따라서 이 경우 (C&D)∨(~C&D)∨(~C&~D) 전체를 다시 C_1으로, 그리고 C&~D를 C_2로 나타내면, 지금의 동종 분할 집합 역시 {A&C_1, A&C_2}와 같이 구성 가능하다.

그러므로 본문에서 제시한 전형적 사례들을 바탕으로 그 핵심을 간추려 **통계 연관적 설명의 일반 도식**을 제시하면 다음과 같다. 이에 대한 새먼의 한층 완전한 도식이 Salmon(1984, pp. 36-7)에 제시되어 있긴 하나, 이 책의 목적을 위해서는 이것으로 충분하리라 생각한다.

(SRD)

속성 A를 갖는 어느 대상 x가 왜 또한 속성 B를 갖는가(또는 집합 A에 속하는 한 원소 x가 왜 또한 집합 B에 속하는가)에 대한 통계 연관적 설명은 다음과 같은 정보들을 제시함으로써 이루어진다.

(i) A 내에서 B의 확률, 즉 $P(B \mid A)$.

(ii) B에 관한 A의 동종 분할 집합, 즉 $\{A\&C_1, \cdots, A\&C_n\}$.

단, 이때 $i \neq j$라면, $P(B \mid A\&C_i) \neq P(B \mid A\&C_j)$이다.

(iii) A의 동종 분할 집합 $\{A\&C_1, \cdots, A\&C_n\}$ 가운데 x가 속하는 부분 집합.

위의 (i)에서 말하는 확률 $P(B \mid A)$는 C가 주어지기 전의 B의 확률로서, C를 조건으로 하지 않은 B의 사전 확률(prior probability)을 말한다. 본문 중의 진수의 사례로 말하자면, 급성 중이염 증상에 대해 항생제 투여 없이 그대로 자연 치유에 맡길 경우 그 증상이 빠르게 호전될 확률 0.25에 해당한다.

이에 반해 만일 B에 대해 C가 연관이 있다면, C를 조건으로 한 B의 확률, 즉 C를 조건으로 한 B의 사후 확률(posterior probability)은 방금 말한 B의 사전 확률과 같을 수 없다. 진수의 사례와 관련해서라면, 이와 같은 사후 확률은 0.85로서, 0.25와 차이가 있다. 이와 같은 점을 말해 주는 것이 바로 위의 (ii)이다. 즉 A의 동종 분할 집합과 관련해 $P(B \mid A\&C) \neq P(B \mid A\&{\sim}C)$이고, 이것이 곧 $P(B \mid A\&C_1) \neq P(B \mid A\&C_2)$에 해당한다. 물론 앞서 예시한 대로 B와 연관될 수 있는 집합이 D, E, ⋯ 등등으로 늘어난다면, 이를 계속 반영해야 하며, 위의 (ii)는 이를 $C_1, \cdots, C_n$으로 일반화한 것일 따름이다. 본문에 제시한 사례들에서는 A의 동종 분할 집합에 등장하는 C를 단 두 가지로 단순화했으나, 일반적으로 그 이상 n가지로 확대 가능하다.

위의 (iii)은, 예컨대 진수에 해당하는 x가 A의 동종 분할 집합 가운데 어느 부분 집합에 속하는가를 말해 주는 것이다. 앞서 말한 대로, 진수는 집합 A&C&~D에 속하는 한 원소이다. 따라서 진수는 급성 중이염의 증상을 나타내었으나 항생제를 투여받은 한 사람으로서 항생제의 내성이 없는 까닭에 그와 같은 증상으로부터 빠르게 회복되었다고 설명 가능하게 된다.

이처럼 통계 연관적 설명 모형에 따르면, 이제 헴펠의 귀납 통계적 설명이나 연역 법칙적 설명 방식으로는 이상하게 여겨졌던 사례 (IS 2-1)이나 (DN 2-1)의 경우도 합리적으로 처리할 수 있게 된다. 우선 (IS 2-1)에서 남자인 준호가 피임약을 복용했다 할지라도 임신을 하게 되지 않는 이유는 그가 피임약을 복용했기보다 그가 바로 남자이기 때문이다. 그러므로 어떤 사람이 남자인 경우, 그가 피임약을 복용했는가의 여부는 그가 임신을 하지 않게 된다는 사실과 아무런 연관이 없다. 반면 어떤 사람이 남자인가의 여부는 그가 임신을 하지 않게 된다는 사실과 매우 연관성이 높다. 따라서 이러한 점에 착안해 지금의 사례에 통계 연관적 설명을 적용하면 다음과 같다.

먼저 준호가 속할 수 있는 일정한 모집단을 하나 설정하고, 그를 A라 해보자. 그리고 그 집단 내의 어떤 사람이 임신을 하지 않게 된다는 사실을 B, 그 집단 내의 어떤 사람이 남자라는 사실을 M이라고 해보자. 따라서 그 집단 내의 어떤 사람이 여자라면, 이는 ~M에 해당한다. 마지막으로 그 집단 내의 어떤 사람이 문제의 피임약을 복용했다는 사실은 N이라고 해보자. 그렇다면 바로 위에서 살펴본 연관성에 따라, 이와 같은 집합들 사이의 확률 관계는 다음과 같다.

(SR 2-5)

$$P(B \mid A\&M\&N) = P(B \mid A\&M) = 0$$
$$P(B \mid A\&{\sim}M\&N) \neq P(B \mid A\&{\sim}M)$$

이는, 우선 집합 A 내에서 어떤 사람이 남자(M)인 경우라면, 그가 피임약을 복용하건 그렇지 않건 그가 임신을 하지 않게 될 사실(B)의 확률에 아무런 영향도 미치지 못함을 보여 준다. 그러므로 사례 (IS 2-1, 62쪽)에서처럼 '피임약을 복용하는 사람이 임신하지 않을 확률이 대략 0.95'라 하든, 아니면 (DN 2-1, 62-63쪽)에서처럼 '피임약을 복용하는 모든 남자는 임신하지 않는다'고 하든, 그것은 그가 임신을 하게 되지 않을 사실 B의 확률에 아무런 변화도 줄 수 없다.

반면 집합 A 내의 어떤 사람이 남자가 아닌(~M) 경우, 즉 그 사람이 여성인 경우라면 사정이 크게 달라진다. 이 경우라면, 피임약을 복용하지 않았을 때 어느 여성이 임신을 하지 않게 될 확률이 예컨대 0.5였다 할지라도, 피임약을 복용하였을 때에는 그 확률이 0.95로 크게 달라질 수 있다.

결과적으로, 우리가 준호를 남자이면서 피임약을 복용한 사람들의 집합 A&M&N의 한 일원이라 말한다 할지라도, 그것은 그가 왜 임신을 하지 않게 되었는가를 올바로 설명하는 데 아무런 도움이 되지 않는 셈이다.

3.3 통계 연관적 설명 모형과 인과관계

앞 절에서 진수의 급성 중이염이 신속하게 호전된 사실을 설명하는 데에는 그와 연관된 집합을 올바로 찾아내는 일이 중요하였다. 준호의 예에서 보듯, 그처럼 연관된 집합을 잘못 찾아낸다면, 올바른 설명에 이

를 수 없다. 그런데 이때의 연관성은 '통계적 연관성' 이었다. 즉 문제
가 되는 두 집합 A와 B 사이에서 우리가 발견할 수 있는 통계적 관계
에 의해 드러나는 연관성을 말한다. 집합 A 가운데 어느 특정한 부분
은 집합 B와 좀 더 빈번히 연결되고, 또 다른 부분은 상대적으로 덜 빈
번하게 연결됨에 주목해 드러나는 연관성을 말한다. 이러한 차이를 우
리는 해당 확률의 차이로 나타내기도 하였다.

  그런데 만일 상황이 이와 같다면, 여기서 떠오르는 의문이 하나 있
다. 대체 그러한 통계적 연관성이 어디에 연원하는가라는 의문이다. 급
성 중이염이 신속하게 호전되는 것과 항생제 투여 사이에 통계적 연관
성이 발견된다면, 대체 그와 같은 통계적 연관성은 무엇 때문인가? 반
대로 만일 남자가 임신을 하지 않는다는 사실과 피임약을 복용한다는
사실 사이에 아무런 통계적 연관성도 발견되지 않는다면, 또 그 까닭은
무엇인가? 이에 대한 한 가지 유력한 대답은, 통계적으로 연관된 두 집
합을 이루는 대상들 사이에는 '원인' 과 '결과' 의 관계, 즉 **인과관계**
(causation)가 존재한다고 보는 것이다. 그리하여 항생제 투여와 급성
중이염의 신속한 호전 사이에는 모종의 인과관계가 존재하나, 피임약
의 복용과 남자의 불임 사이에는 아무런 인과관계도 존재하지 않는다
고 보는 것이다. 이와 같은 관점은 상당히 일리가 있다. 왜냐하면 주어
진 예에서 드러나는 집합들 사이의 통계적 연관성은 일정한 방향을 갖
고 있는 것으로 보이기 때문이다. 예컨대 항생제 투여는 급성 중이염의
신속한 호전을 가져올 수 있으나, 그 역은 성립하기 어려운 것으로 보
인다. 반면 아무런 통계적 연관성도 보이지 않는, 피임약의 복용과 남
자의 불임 사이에서라면, 그 양자가 어느 쪽으로든 아무런 영향도 미치
지 않는 것으로 보인다. 인과관계의 주요한 특징 중 하나는 분명 위와
같은 방향성이다. '원인' 은 '결과' 를 야기할 수 있으나, 일반적으로 그

역은 성립하기 어렵다.

이에 따라 만일 우리가 이처럼 통계적 연관성이 궁극적으로는 **인과적 연관성**(causal relevance)을 드러내 주는 것임을 인정한다면, 우리는 앞 절에서 그러했듯 어떤 사실에 대한 올바른 설명을 위해 통계적 연관성에 그쳐서는 안 된다. 한층 더 나아가 그 인과적 연관성에 주목할 필요가 있다. 왜냐하면 이 경우 통계적 연관성은 그 자체 궁극적이기보다 단지 어떤 인과적 연관성이 존재함을 보여주는 하나의 '증거' (evidence) 역할을 하는 데 지나지 않기 때문이다. 바로 이와 같은 점을 잘 보여주는 사례가 다음과 같다.

이제 어느 특정한 지역의 일정한 날들에 걸쳐(A) 어느 한때 갑자기 기압계의 눈금이 크게 떨어지는 일이 일어났다(C)고 해보자. 그리고 이윽고 그 지역에 폭풍이 몰아쳤다(B)고 가정해 보자. 우리의 경험적 통계로 볼 때, 이들 사이의 확률 관계는 다음과 같을 법하다.

(SR 3-1)

$$P(B \mid A\&C) \neq P(B \mid A)$$

즉 기압계의 눈금이 크게 떨어지는 일이 있지 않았던 평상시의 날들에 폭풍이 밀려올 확률과 그 눈금이 크게 떨어지는 일이 있을 때 폭풍이 밀려올 확률에 크게 차이가 날 수 있는 것이다. 이는 해당 지역에 폭풍이 밀려오는 일에 기압계 눈금의 갑작스런 하강이 통계적으로 매우 연관성이 큼을 말해 준다.

하지만 가만히 생각해 보면, 이는 매우 이상하다. 왜냐하면 우리의 과학적 상식으로 볼 때, 기압계 눈금의 하강이 폭풍을 몰고 올 수는 없기 때문이다. 오히려 이때 자연스런 발상은, 기압계 눈금의 하강과 폭풍이 몰려오는 일 사이에 모종의 공통 원인(common cause)이 있어, 바로 그 원인으로부터 나온 두 결과가 문제의 두 현상 아니겠느냐는 추측이다. 예컨대 해당 지역 주변의 대기압의 저하가 그것들의 원인이라는 것이다.

이렇게 본다면, 만일 문제의 지역에 갑자기 폭풍이 밀려온 일을 두고, 그것이 기압계의 눈금이 갑자기 떨어졌기 때문이라고 설명하는 일은 어리석다. 이는 해당 현상에 대한 올바른 설명이 될 수 없다. 이 경우라면, 그와 같은 현상 배후에 놓여 있는 근본적인 원인, 즉 주변 대기압의 저하라는 원인을 지적하지 않는다면, 그 설명은 올바를 수 없다.

물론 이때 문제의 공통 원인을 감안해, 새로이 통계적 연관성을 추적해 볼 수는 있다. 즉 해당 지역 주변의 대기압이 낮아졌다는 사실(D)을 새로이 감안해, 집합들 사이의 확률 관계를 다시 고려하면 다음과 같다.

(SR 3-2)

$$P(B \mid A\&C\&D) = P(B \mid A\&D)$$
$$\neq P(B \mid A\&C)$$

우선, 위의 첫 번째 등식은 해당 지역 주변의 대기압이 낮아졌다는 사실 D가 등장함으로써, 기압계의 눈금이 낮아졌다는 사실 C가 해당 지역에 폭풍이 몰아쳤다는 사실 B와 아무런 통계적 연관성이 없음을 보여 준다. 바로 이때 인과관계를 연구하는 사람들은 **D가 B로부터 C를 차폐한다**(D screens off C from B)고 말하곤 한다. D가 개입됨으로써

C와 B 사이의 표면적 연관성이 사라진다는 것이다(〈그림 3-1〉 참조).

〈그림 3-1〉 공통 원인 D에 의한 C와 B의 관계

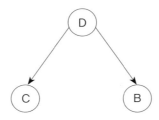

반면 위의 두 번째 부등식(SR 3-2, 79쪽)은 D야말로 B와 진정으로 연관성이 있는 그 무엇임을 보여준다. 이러한 연관성은, 앞서 고찰한 대로, 바로 원인과 결과에 따른 연관성, 곧 인과적 연관성을 말한다. 그러므로 위의 (SR 3-2)의 식들이 보여주듯, D를 새로이 도입하면 통계적 연관 관계로써 다시금 C 아닌 D와 B 사이의 통계적 연관성을 보여줄 수 있긴 하나, 이는 이미 D와 B 사이의 인과적 연관성을 전제로 한 것이다. 따라서 처음에 통계적 연관성에 주목해 어느 피설명항에 대해 통계 연관적 설명이 가능했다 할지라도, 그것은 아직 불충분하다. 좀 더 충분한 설명을 원한다면, 필경 그와 같은 통계적 연관성 배후의 인과적 연관성에 주목해 한층 더 근본적인 설명 방식을 모색하지 않을 수 없다. 사실 이것이 설명 문제에 대한 새먼 자신의 입장 변화의 방향이기도 하다. 그는 처음 통계 연관적 설명 모형으로부터 출발해, 후기에는 이른바 '인과 메커니즘적 설명' 모형으로 옮겨갔다. 이처럼 새로운 모형 개발을 위해서는 자연히 먼저 인과관계 자체의 본성에 대한 탐구가 필수적이다.

3.4 과정으로서의 인과관계

많은 사람들이 인과관계를 어떤 사건과 사건 사이의 관계로 생각하기 쉽다. 예컨대 어떤 아이가 때 묻은 공을 잘못 던져 하얀 벽지에 오점을 남겼다고 해보자. 이 경우, 사람들은 그 아이가 때 묻은 공을 던진 사건이 하얀 벽지에 오점이 남게 된, 결과 사건의 원인이라 생각하곤 한다. 하지만 새먼은 인과관계를 사건과 사건 사이의 관계가 아닌 어떤 과정의 일종이라고 생각한다. 인과관계를 사건들 사이의 관계로 보면 발생하는 심각한 문제가 있다고 보기 때문이다. 물론 새먼의 이와 같은 인과관이 인과에 대해 있을 수 있는 유일한 견해는 될 수 없다. 하지만 여기서는 일단 새먼의 인과관에 집중하기로 하자.

위에서 말한 **사건**(event)이란 일반적으로 이 세상의 일정한 시공간 내에서 비교적 짧은 시간과 공간을 차지하며 나타나는 어떤 일을 말한다. 예컨대 앞서의 아이가 공을 던진 일, 그리고 그 공이 하얀 벽지에 오점을 남긴 일은 각기 하나의 사건에 해당한다. 반면 **과정**(process)이란 상대적으로 사건에 비해 좀 더 긴 시간과 공간을 차지하며 연속성을 갖는 그 무엇을 뜻한다. 예컨대 위의 예에서 아이가 던진 공이 아이의 손을 떠나 하얀 벽지에 오점을 남기기까지 날아간 궤적은 과정의 한 예이다. 이 면에서 보자면, 굴러가는 당구공이나 직진하는 광선 역시 과정의 또 다른 예들이다.

인과관계를 사건과 사건 사이의 관계로 생각하는 일은 일상적으로 흔하다. 하지만 이와 같은 방식에는 한 가지 극복하기 어려운 문제가 존재한다. 대체 그러한 사건과 사건을 연결시켜 주는 것이 무엇이냐는 문제이다. 만일 사건과 사건이 애초에 서로 독립적인 것이라면, 사실 그처럼 독립된 사건들을 서로 필연적으로 연결시켜 줄 그 무언가를 찾기가 쉽지 않다. 그러므로 이미 18세기 영국의 철학자 흄은 이때의 인과관계란 단지 우리 마음속의 습관에 지나지 않는다는 충격적 결론을 내놓기도 하였다. 하지만 만일 인과관계를 사건들 사이의 관계가 아니라 하나의 과정으로 생각한다면, 일단 그러한 문제에서 쉽사리 벗어날 수 있다.

이와 같은 발상에서 새먼은 인과관계를 과정의 하나로 생각하였다. 하지만 모든 과정이 곧 인과관계는 아니다. 과정 중에는 인과관계를 이루는 것이 있는가 하면, 그렇지 않은 것도 있기 때문이다. 만일 사정이 이러하다면, 과정들 가운데 인과관계와 그렇지 않은 것을 분명하게 구별할 수 있는 기준이 필요하다. 처음에 새먼은 그것을 문제의 과정이 어떤 **표지**(標識, mark)를 자체적으로 잘 전달할 수 있는가의 여부에서 찾았다. 예컨대 아이가 벽지로 공을 던지는 앞서의 사례에서 이제 그 공에 빨간색 물감을 묻힌다고 가정해 보자. 이것은 그 공이 날아가는 과정의 어느 한 일부에서 그 구조나 특징에 일정한 변화를 주었음을 뜻한다. 이것이 '표지'의 한 예다. 그렇다면 이때 그와 같은 표지가 해당 과정에서 계속해 유지 전달될 수 있는가? 이는 문제의 공이 하얀색 벽지에 부딪쳤을 때를 보면 알 수 있다. 만일 공이 벽지에 부딪치기까지 물감이 마르지 않았다면, 그 벽지에도 역시 빨간색 물감의 흔적이 남게 될 것이다. 이는 해당 과정 중에 문제의 표지가 자체적으로 유지 전달되었음을 뜻한다. 그렇다면 이 과정은 인과관계를 이루는 하나의 **인과과정**(causal process)이라 볼 수 있다.

이 면에서 본다면, 직진하는 빛 역시 하나의 인과 과정이라 할 수 있다. 예컨대 어느 스포트라이트 광원으로부터 나아가는 흰빛 중간에 빨간색 유리를 대본다고 해보자. 그렇다면 이때 그 빛이 비치는 다소 어두운 하얀색 벽지에 역시 빨간색 광점이 생기는 것을 발견할 수 있을 것이다. 빛의 직진이라는 과정 중에 빨간색 유리를 댄다는 표지가 개입되었을 경우, 그 표지가 그대로 벽지까지 유지 전달된 것이다. 따라서 그 광원으로부터 나아가는 빛은 하나의 인과 과정이 되기에 충분하다.

그렇다면 이제 벽지 위에 생긴 빨간색 광점을 두고 다시 생각해 보자. 만일 앞서의 광원이 회전을 하여 움직이게 된다면, 이때의 광점은 어떻게 될까? 위에서 말한 빨간색 유리가 광원의 회전에 따라 같이 움직이는 것이 아닌 한, 처음에 생겼던 벽지 위의 빨간색 광점은 곧 흰색 광점으로 바뀌어 이동하게 될 것이다. 앞서 말한 '과정'에 대한 규정으로 볼 때, 벽지 위에서 이와 같은 광점의 이동 역시 하나의 과정이 되기에 충분하다. 하지만 지금의 과정은 결코 인과 과정이 될 수 없다. 왜냐하면 빨간색 유리를 대본다는 표지가 도입되어, 처음의 광점에 빨간색이 나타났다 할지라도, 지금의 광점 이동에서는 그것이 계속 유지 전달되지 못하고 있기 때문이다. 이를 새먼은 **사이비 과정**(pseudo-process)이라 불렀다. 그러므로 영화관의 프로젝터에서 투사돼 스크린에 이르는 광선의 진행은 물론 진정한 인과 과정이다. 그러나 그에 따라 스크린에서 움직이는 배우의 상(像), 예컨대 어느 악당의 총격 과정은 단지 사이비 과정일 따름이다. 따라서 그 상을 향해 맞대응해 실제 총을 쏜다 할지라도, 그 총알이 인과적으로 영향을 미칠 수 있는 대상은 스크린 속의 악당이 아니라 단지 스크린일 따름이다.

이처럼 '표지' 개념을 도입하게 되면, 인과 과정 역시 그보다 한층 더 근본적인 것으로 환원 가능하다. 사실, 어느 과정에 일정한 표지를 개입시키게 되면, 이때 과정들 사이의 교차(intersection between processes)가 일어난다. 예컨대 앞서 흰색 광선에 빨간색 유리를 대는 순간, 광선의 직진이라는 과정과 빨간색 유리를 대는 과정이 서로 교차하게 되는 것이다. 문제는 이와 같은 교차 과정 역시 인과적이냐는 것이다. 이에 대해 새먼은 다음과 같이 답한다. 곧 문제의 두 과정에서 일정한 교차 순간에 각각의 과정이 지닌 구조나 특징에 특정한 수정이 이뤄지고, 이후 그 수정 결과가 계속 유지 전달된다면, 그 교차는 인과적이라 볼 수 있다는 것이다. 물론 해당 교차 이외에 별도의 교차는 없다는 조건하에서이다. 따라서 이러한 교차를 **인과 상호작용**(causal interaction)이라 부른다. 이 면에서 보자면, 앞서 때가 묻거나 빨간색 물감이 묻은 공이 날아가 하얀색 벽지와 부딪쳐 오점을 남기는 일 역시 인과 상호작용의 또 다른 좋은 예이다.

'표지'를 이용한 새먼의 인과 이론이 인과에 관한 한 가지 통찰을 준다는 점은 분명하다. 그럼에도 불구하고 아직은 충분치 않다. 우선 한 가지 떠오르는 의문이 있다. 왜 인과 과정이나 인과 상호작용에서는, 사이비 과정에서와는 달리, 표지나 수정 결과가 계속 유지 전달될 수 있는 것인가 하는 점이다. 또한 표지의 개념만으로는 쉽사리 인과관계를 설명하기 어려운 사례들도 있다. 예컨대 어느 한 마리의 닭이 알을 하나 낳는 경우이다. 이 역시 하나의 인과 상호작용으로 보이나, 과연 무엇이 '표지'가 되고, 또 그것이 어떻게 유지 전달되는지 파악하기 쉽지 않다. 그것은 결국 동일한 닭의 몸속에서 일어나는 여러 복잡한 생물학적 과정들의 상호작용으로 보이기 때문이다. 이와 같은 문제 등에 직면해, 새먼은 그의 후기에, 다우(P. Dowe)의 제안에 따라, 자신의 표지 인과 이론을 물리적인 보존량 인과 이론으로 전환하게 된다.

이 새로운 이론에 따르면, 어떤 과정이 인과적이란, 그 과정에서 **일정한 물리량이 보존된다**는 의미이다. 즉 운동량, 에너지, 전하량(電荷量)과 같은 물리량의 보존을 말한다. 우리는 이미 현대물리학을 통해 운동량 보존법칙이나 여타 보존법칙들에 의해 일정한 계 내에서 물리량의 총량이 보존됨을 잘 알고 있다. 따라서 이러한 법칙들을 받아들

여, 인과 과정 역시 물리학적으로 새로이 해명 가능하다. 곧 인과 과정
이란 '어떤 물리적 보존량을 전달해 주는 과정'이라 볼 수 있고, 인과
상호작용이란 '교차하는 과정들 사이에 어떤 물리적 보존량의 교환이
일어나는 것'이라 볼 수 있는 것이다. 이러한 관점에서 본다면, 앞서의
스포트라이트 광원으로부터 직진하는 광선은 그 광파가 일정하게 보존
되는 에너지를 전달해 주는 하나의 인과 과정임에 분명하다. 또한 그
직진하는 광선에 빨간색 유리를 대는 순간, 광선은 얼마간 에너지를 잃
고, 반면 유리는 얼마간의 에너지를 얻게 된다. 이로써 해당 계 내에서
에너지의 교환이 이루어지면, 이때 전체 에너지의 총량은 보존된다. 이
것은 인과 상호작용의 한 사례이다. 앞서 문제가 되었던 닭의 사례에서
라면, 현대 과학의 수준에서 우리는 그 생물학적 과정이 여러 물리화학
적 상호작용으로 환원될 수 있음을 알고 있고, 그 수준에서 역시 물리
량의 보존을 쉽사리 이해할 수 있다. 닭이 알을 낳는 일 역시 보존량의
교환이라는 점에서 다른 인과 상호작용과 하등 다를 것이 없는 셈이다.
존재하던 그 무엇에서 완전히 그와 무관한 전혀 새로운 것이 존재하게
되는 것이 아니라, 단지 변형된 존재들로 나아갈 따름이다.

이처럼 인과관계를 하나의 과정으로 해명하면, 이제 어떤 피설명항
을 인과 메커니즘으로 설명할 수 있는 기반이 마련된 셈이다. (과정으
로서의 인과관계나 여타 인과관에 대한 좀 더 자세한 이해를 위해서는,
예컨대 김동현 등, 『인과』(서광사, 2020)가 도움이 될 수 있다.)

3.5 인과 메커니즘적 설명 모형

17세기 당시 뉴턴이 자신의 고향으로 피신하지 않으면 안 될 사건이
있었다. 바로 1665년 영국을 강타한 대역병의 발생이었다. 이 일은 결

과적으로 뉴턴에게는 축복의 사건이었다. 그 피신 동안 그로서는 과학의 역사를 뒤흔들 만한 창조의 시간을 보냈기 때문이다. 하지만 당시 런던 사람들에게 그것은 악몽 그 자체였다. 봄철에 시작된 역병은 그해가 채 가기도 전에 근 10만 명의 사망자를 낳을 정도로 참혹한 것이었기 때문이다. 당시 사람들은 잘 몰랐으나, 오늘날 이 사건은 물론 세균학적이나 전염병학적으로 설명 가능하다. 우선 그것은 19세기 말에 확인된 페스트균으로부터 시작된 것이다. 이는 원래 설치류, 특히 쥐에 한정된 것이었으나, 그 균에 감염된 쥐를 쥐벼룩이 물고, 그것이 다시 사람을 물어 감염이 확산되는 것이다. 이와 같은 과정은 자연스레 인과적으로 설명 가능하다. 먼저 '페스트균'이라는 미생물이 쥐와 인과적으로 상호작용해 쥐를 감염시킨다. 그렇게 감염된 쥐를 쥐벼룩이 물고, 그것이 다시 사람을 물어, 그 두 상호작용에 의해 인과적으로 페스트균이 쥐로부터 인체로 전달된다. 그렇게 전달된 균이 마침내 인체와 상호작용해 결과적으로 일명 '흑사병'이라 부르는 질병의 증상을 야기시키는 것이다. 이와 같은 설명 방식은 요컨대 어떤 결과를 두고 그에 이르기까지 선행하는 일련의 원인들을 제시해 설명하는 방식이다. 달리 말해, 문제의 결과를 그 결과를 낳게 되는 일정한 인과 연결 고리(causal nexus) 속에 자리 잡게 함으로써 설명을 행하는 것이다. 인과관계를 이용한 이와 같은 설명 방식을 새먼은 **원인론적 설명**(etiological explanation)이라 불렀다.

이러한 원인론적 설명 방식은 피설명항에 대해 그에 이르기까지 '외부의' 인과관계를 드러냄으로써 설명이 이루어지는 방식이다. 즉 문제의 최종 결과로 나아가는, 그 결과 외부의 인과 메커니즘을 드러내는 방식이다. 하지만 이와는 달리 피설명항 자체의 '내부' 인과 메커니즘을 드러내야 하는 경우도 있을 수 있다. 이것의 좋은 예가 앞 절에서 다룬 기압계 눈금 하강과 폭풍의 상관관계에 대한 설명의 경우다. 어느 일정한 지역에서 기압계 눈금이 하강할 때 많은 경우 폭풍이 밀려온다는 사실은 잘 알려져 있다. 하지만 왜 그러한가? 앞서 이미 살펴본 대로, 이 두 가지 사실은 단지 그것들의 공통 원인인 그 지역의 저기압 상태에 의해 야기된 두 결과일 따름이다. 그렇다면 이 경우 우리는 그 두 가지 결과에 대해 다음과 같이 인과적으로 설명 가능하다. 일단 어느 지역에서 태양열에 의해 그곳 대기가 열에너지를 얻게 되면, 그 밀도가 낮아져, 그것은 저기압 상태가 되며 상승한다. 그 대기를 이루는 기체 분자들이 얻은 에너지에 의해 그것이 분산되기 때문이다. 반면 상대적으로 그보다 낮은 온도의 주변 공기는 밀도가 높아져 고기압을 형성하며, 저기압 공기 밑으로 하강하게 된다. 이때 먼저 기압의 저하는 기압계에 영향을 미쳐, 예컨대 아네로이드 기압계의 경우, 그 안에 진공 상태의 얇은 금속판 용기가 장착되어 있는데, 그 주변 공기 압력이 낮아짐에 따라 용기가 팽창하고 그에 따라 연동된 바늘의 눈금이 내려가게 된다. 열에너지가 기계적 에너지로 전달되는 인과 과정이다. 다른 한편, 고기압의 찬 공기는 저기압의 따뜻한 공기 밑으로 하강하며 위치 에너지를 상실하고, 그 상실된 에너지가 운동 에너지로 전환돼 폭풍을 일으키게 된다. 이는 열에너지로부터 시작해 위치 에너지를 거쳐 운동 에너지로 전달되는 인과 과정이라 할 수 있다. 지금의 경우에는 기압계 눈금의 하강이나 폭풍의 도래라는 두 가지 피설명항을 각기 그 결과를 이루는 구성 요소(constituent)들 사이의 인과관계로써 설명하는 방식을 취하고 있다. 예컨대 기압계 눈금 하강의 경우에는 주변 공기 밀도와 용기 팽창 사이의 인과관계, 그리고 폭풍 도래의 경우에는 공기 밀도 차이와 공기 이동 사이의 인과관계를 말한다. 따라서 새먼은 이러한 설명 방식을 **구성적 설명**(constitutive explanation)이라 불렀다. 지금

의 경우에는, 앞서의 원인론적 설명에서와는 달리, 피설명항의 외부가
아닌 그 내부의 인과 메커니즘을 드러내 설명이 이루어진다는 점이 특
징이다.

이처럼 우리가 설명하고자 하는 어떤 것을, 원인론적이든 구성적이
든, 일정한 시공간 내에서 과정으로서의 인과관계를 이용해 그 인과 메
커니즘을 드러내 설명하는 방식이 바로 '인과 메커니즘적 설명'이다.
곧 피설명항의 외부나 내부에서 그 인과적 구조나 패턴을 드러내는 방
식의 설명을 말한다. 이를 이해하기 쉽게 그림으로 나타내 보면 다음과
같다(아래에서 곡선의 화살표는 인과 과정을, 그 가운데 특히 서로 교
차하는 화살표들은 인과 상호작용을 나타낸다).

〈그림 5-1〉 인과 메커니즘적 설명의 두 방식

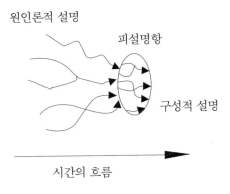

주의할 점은, 어느 피설명항에 대해 인과 메커니즘적 설명을 행할 경
우, 위의 두 가지 방식 중 어느 하나만 허용되는 것은 아니라는 점이다.
동일하게 인과 메커니즘에 주목한다 할지라도 해당 피설명항에 대해
어느 부분에 관심을 두느냐에 따라 두 가지로 구별될 뿐, 실제의 설명
대상은 그 두 가지 측면을 모두 갖는 것이 보통이다.

또한 인과 메커니즘적 설명에서 고려하는 인과관계가 반드시 결정론
적이라 생각할 필요도 없다. 오히려 한층 더 일반적으로 그러한 관계는
확률적이다. 예컨대 앞서 영국의 대역병 사례에서 페스트균에 감염된
쥐벼룩이 사람을 문다 할지라도 그 때문에 곧 그 사람이 언제나 페스트
증상을 나타내는 것은 결코 아니다. 그것은 어디까지나 확률의 문제이
다. 게다가 그 확률이 반드시 높을 필요도 없다. 이 면에서 새먼의 인과
메커니즘적 설명은 앞서의 통계 연관적 설명과 결코 서로 배타적이지
않다.

3.6 약물 부작용 사례 다시 보기

이제 처음 시작할 때 다루었던 약물 부작용 사례를 다시 생각해 보기로
하자. 먼저 김 씨의 급성 두드러기 증상에 대해 만일 다음과 같이 할 수
만 있다면, 그것이 바로 약물 슈어펙트 때문이라고 통계 연관적으로 설
명하는 일이 가능하다. 우선 몸살기가 있는 어느 일정한 집단 내에서
해당 약물을 복용했느냐의 여부로부터 시작해, 음주를 즐기는지의 여
부, 고지혈증 여부 등을 모두 고려해 그 집단의 동종 분할 집합을 구성
해 보자. 이 경우 그와 같은 조건들과 더불어 문제의 약물 복용 여부가
급성 두드러기 증상과 확률적으로 분명한 차이를 낳느냐가 중요하다.
이를 위해 이제 몸살기가 있는 사람들의 집단을 A, 문제의 약물 복용
을 C, 복용자가 음주를 즐긴다는 점을 D, 고지혈증이 있다는 점을 E,
그리고 급성 두드러기 증상을 보인다는 점을 B 등의 집합으로 나타내
보자. 물론 이 이외에도 현실적으로 여러 가지 수많은 부가 조건들이
더 고려될 수 있으나, 논의의 편의를 위해 여기서는 이 정도로 그치기
로 하자. 그렇다면 확률적으로 예컨대 $P(B \mid A \& C \& D \& \sim E) = P(B$

| A&C&~D&E) = ⋯ = P(B | A&~C&D&~E) ≠ P(B | A&C&D&E)와 같은 관계를 보이는 일이 중요하다. 이는, 몸살기가 있는 어느 사람이 음주를 즐기며 고지혈증이 있다면, 바로 그 상태에서 슈어펙트를 복용한 사실이 그의 급성 두드러기 증상에 통계적으로 연관되어 있음을 뜻한다. 그러므로 만일 김 씨 역시 음주를 즐기고 고지혈증이 있는 사람으로서 몸살기가 있을 경우 문제의 약물을 복용했다면, 우리는 바로 위의 확률 관계에 의해 김 씨의 급성 두드러기 증상을 해당 약물의 부작용으로써 통계 연관적으로 설명해 줄 수 있게 된다.

이때 주의할 점은, 몸살기가 있는 어느 사람이 음주를 즐기며 고지혈증이 있는 상태에서 슈어펙트를 복용할 때, 그 사람이 급성 두드러기 증상을 보일 확률이 (그러한 상태에 있지 않을 경우에 비해 좀 더 높아질 수는 있을지 몰라도) 반드시 절대적으로 높을 필요는 없다는 점이다. 단지 그러한 상태에 있지 않거나 슈어펙트를 복용하지 않은 경우 급성 두드러기 증상이 나타날 확률과 상대적으로 분명하게 차이를 보이는 것만으로 충분하다.

그런데 인과관계에 있어서도 어떤 원인이 결과를 야기할 확률이 반드시 높을 필요는 없다. 예컨대 앞면에 무게가 실려 편향된 동전 하나를 던져 그것의 뒷면이 나올 확률이 1/3로, 그 앞면이 나올 확률인 2/3에 비해 작다 할지라도, 그 편향된 동전을 던졌다는 사실이 그 동전의 뒷면이 나왔다는 결과의 원인이 되지 못한다고 말할 수 없다. 또한 우라늄 238과 같은 방사능 물질이 자연 상태에서 그 반감기보다 훨씬 짧은 시간 동안 붕괴할 확률이 극히 작지만, 그 물질의 원자 구조나 상태가 해당 결과를 낳았다고 보지 않을 수도 없다. 매독균에 의해 마비 증상이 야기되는 경우나, 비타민 C에 의해 감기로부터 회복되는 경우에도 사정은 크게 다르지 않다.

이 면에서 본다면, 몸살기가 있는 어느 사람에게 음주를 즐기며 고지혈증이 있는 상태에서 슈어펙트 복용 후 급성 두드러기 증상이 나타날 확률이 상당히 낮다 할지라도, 만일 위와 같은 통계 연관적 설명이 가능하다면, 이는 곧 급성 두드러기 증상에 대해 슈어펙트의 부작용으로 인과 메커니즘적으로 설명해 볼 수 있는 좋은 단서가 된다. 이야말로 처음에 새먼이 통계 연관적 설명으로부터 출발했다 할지라도 결국 인과 메커니즘적 설명으로 나아갈 수밖에 없었던 이유의 또 다른 해명이다. 그렇다면 위의 약물 부작용 사례에 대해 인과 메커니즘적 설명은 어떻게 행할 수 있을까?

지금의 사례에서 인과 메커니즘적 설명 가운데 먼저 원인론적 설명 방식은 적절치 않을 것으로 보인다. 몸살기가 있는 어떤 사람이 급성 두드러기 증상을 보이기 전까지 실제적으로 어떻게 약물 복용을 하게 되었는가 등등, 그 사람의 행위 과정을 인과 연결 고리를 따라 추적하는 일이 원리상 불가능하지는 않을지 몰라도, 지금의 사례에서 우리의 관심사는 바로 어떻게 해당 약물이 급성 두드러기 증상을 야기하는가에 놓여 있기 때문이다. 이와 같은 관심사는 인과 메커니즘적 설명 가운데 곧 구성적 설명 방식에 의해 답이 주어질 수 있다.

예컨대 대략 다음과 같은 방식이다. 먼저 음주를 즐기거나 고지혈증이 있는 사람이 몸살기가 있을 때 슈어펙트를 복용하게 되면, 상당히 낮은 확률이긴 하나, 특이하게도 그 약물로부터 화학 물질 β가 분비된다. 이와 같은 β는 다시 관련 세포를 자극해 '히스타민'과 같은 매개 물질을 분비케 하고, 이 매개 물질이 피부의 미세 혈관에 작용해 그를 확장시키고 투과성을 증가시키게 되는 것이다. 이렇게 되면, 혈관으로부터 단백질이 풍부한 액체 성분이 표피 아래 두꺼운 세포층인 진피조직으로 새어 나가 두드러기가 발생하게 된다.

물론 이것은 가상적이며, 상당히 거친 설명이다. 그러나 이 정도의 설명만 가지고도, 만일 여기서 결정적으로 문제가 되는 부분, 즉 음주를 즐기거나 고지혈증이 있는 사람이 몸살기가 있어 슈어펙트를 복용하게 되면 특이하게 그 약물로부터 화학 물질 β가 분비된다는 점을 더욱 자세히 밝힐 수만 있다면, 그를 이용해 슈어펙트의 부작용을 줄이거나 없앨 수 있는 방안도 마련해 볼 수 있을 것이다. 예컨대 음주를 즐기거나 고지혈증이 있는 사람이 몸살기가 있어 슈어펙트를 복용할 경우, 슈어펙트 외에 β의 분비를 억제할 수 있는 또 다른 약제를 함께 복용하거나, 아니면 그러한 사람은 처음부터 슈어펙트 복용을 금해야 할 것이다.

3.7 장점과 한계

설명에 관한 새먼의 이론들은 확실히 장점이 있다. 앞서 제2장에서 거론된, 헴펠의 귀납 통계적 설명에서 문제가 된 피설명항의 낮은 확률 문제를 새먼의 통계 연관적 설명이 어떻게 적절히 다룰 수 있는가는 내내 말해 온 셈이다. 또한 헴펠의 연역 법칙적 설명에서 문제가 되는, 피설명항과 무관한 설명항의 문제 역시 통계 연관적 설명에서라면 정확히 처리 가능하다는 점도 이미 언급하였다.

하지만 이 이외에, 역시 제2장에서 거론된, 헴펠의 다른 문제점들에 관해서도 새먼의 이론들은 쉽사리 대처할 수 있다. 바로 깃대와 잉크 자국 사례이다. 깃대 사례의 경우, 10미터 높이의 깃대가 7미터 길이의 그림자를 드리우는 이유를 헴펠의 연역 법칙적 설명 방식으로도 물론 잘 설명할 수 있으나, 그 역까지 마찬가지 방식으로 설명할 수 있다는 점은 매우 이상하다. 하지만 새먼의 인과 메커니즘적 설명에 따르면,

전자는 인과 과정의 하나이나, 후자는 결코 그렇지 않다. 또한 잉크 자국 사례의 경우, 책상 모서리 바닥에 생긴 자국에 관해 내가 어제 의자에서 일어나다 열린 잉크병을 건드려 그것이 쏟아지는 바람에 그 얼룩이 생겼다는 식의 설명은 포괄 법칙의 개입이 잘 보이지 않는다는 점에서 헴펠에게는 난점으로 보인다. 그러나 이 역시 그 개별 사건에 대한 인과적 상호작용을 추적해 쉽사리 인과 메커니즘적 설명이 가능하다.

그렇다고 해서, 물론 새먼의 이론들에 한계가 없는 것은 결코 아니다. 먼저, 헴펠에서 최대로 상세화된 준거 집합을 정하는 일이 쉽지 않듯, 새먼의 통계 연관적 설명에 있어서도 동종 분할 집합을 정하는 일이 쉽지 않다. 실제 상황에서라면 어느 설명 대상과 관련해 피설명항과 통계적으로 연관될 수 있는 사항들이 사실상 무한히 열려 있을 수 있기 때문이다. 예컨대 진수의 중이염 증상이 신속히 호전되는 데 있어 항생제 투여나 내성 여부뿐 아니라, 그의 현재 건강 상태, 그의 증상 정도, … 등등이 모두 연관될 수 있는 것이다. 이와 같은 사정은 설명 대상에 관해 비교적 제한이 가능한 물리 과학에서보다 의료, 사회과학의 영역으로 가면 갈수록 점점 심해진다고 할 수 있다.

다른 한편, 통계적 연관관계를 통해 인과관계로 나아가는 데에도 자의성이 개재될 수 있다. 예컨대 앞서의 피임약 사례에서 어느 사람이 여자라는 사실은 그녀가 임신을 하지 않게 되는 데 통계적으로 연관되어 있으나, 그 사람이 남자라는 사실은 그렇지 않은 것으로 취급한 바 있다. 그렇다면 전자의 경우에만 그 통계적 연관관계로부터 그에 대응하는 인과관계로 나아갈 수 있는 것일까? 사실은 남자의 경우에도 그가 피임약을 복용하되 임신을 하지 않게 된다면, 그에 대응하는 인과관계, 즉 피임약이 투여된 상태에서 남자의 생리상 애초부터 임신이 되지 않는 인과 과정 및 상호작용이 존재하게 마련이다. 그렇다면 왜 전자에서는 통계 연관적 설명으로부터 인과 메커니즘적 설명으로 나아갈 수 있으나 후자에서는 그러할 수 없는가?

나아가 새먼의 인과 메커니즘적 설명은 궁극적으로 물리량이 보존되는 과정으로서의 인과 개념에 의존하고 있다. 그런데 그와 같은 인과 개념만으로는 결코 해명하기 어려운 인과관계들이 존재해, 그로써 자연히 인과 메커니즘적 설명의 한계가 드러나는 경우들도 있다. 그중 하나가 부재 인과(causation by omission)의 경우이다. 예컨대 의사가 적절한 치료를 행하지 않아 환자가 사망한 경우이다. 이것은 어떤 일이 '존재하지 않았다'는 사실이 일정한 결과를 야기하는 경우이다. 이때에는 원인으로부터 결과로 이어지는 어떤 물리량의 보존이 이루어지는지 알기 어렵다. 또한 이중 방지에 의한 인과(causation by double prevention)의 경우에도 그러하다. 예컨대 아군기가 적군 기지를 폭격하기 위해 출격을 한다고 해보자. 그런데 이때 그를 막기 위해 적기가 아군기로 다가간다. 이는 적군 기지의 폭파라는 결과를 막으려는 첫 번째 방지이다. 만일 그 적기가 아군기 격추에 성공한다면, 아군은 적 기지를 폭파시킬 수 없을 것이다. 하지만 이를 포착한 새로운 아군기가 그 적기를 추격해 격추시킨다. 이는 적군 기지의 폭파라는 결과를 막으려는 시도를 막는 두 번째 방지이고, 이 결과로써 결국 처음 출격한 아군기가 성공적으로 적 기지를 폭파시키게 된다. 이 예에서 우리는 두 번째 아군기가 적기를 격추시킨 일이야말로 적 기지 폭파라는 결과의 원인이라 볼 수 있을 법하다. 하지만 이때에도 문제의 격추 사건으로부터 적 기지 폭파로 이어지는 물리량의 보존 과정이 무엇인지 파악하기 쉽지 않다.

다른 한편, 어떤 전체가 그것을 이루는 부분이나 요소들의 특징을 넘어 새로운 특징을 나타내는 체계, 이른바 '복잡계'(complex system)

를 생각해 보자. 이 경우 그 부분이나 요소에 관해서는 인과 메커니즘적 설명이 가능할지 몰라도, 정작 중요한 그 체계 전체의 행태에 관해서는 그와 같은 설명이 거의 불가능하거나 부적절한 경우가 있을 수 있다. 예컨대 어느 용기(容器)에 담긴 기체를 생각해 보자. 이 경우 과학적으로 관심거리는, 잘 알려진 대로, 예컨대 그 기체 '전체'의 부피, 압력, 온도 사이의 관계이다. 그리고 이를 파악해 만들어진 법칙 중 하나가 이른바 '보일·샤를의 법칙'이다. 그런데 이때 그 기체를 이루고 있는 수많은 분자들 하나하나에 대해 어쩌면 인과 메커니즘을 추적해 그와 같은 법칙에 도달하고, 그러한 법칙을 이용해 어느 특정한 기체의 행태를 설명하려 할지 모른다. 하지만 이는 현실적으로 거의 불가능할 뿐만 아니라 무의미하기까지 하다. 하지만 실제 이러한 상황은 방금의 물리 과학의 영역에서뿐 아니라 생명과학, 심리학, 사회과학 등에서도 상당히 흔하다.

또한 양자역학의 영역에서 나타나는 많은 사건들에 관해서도 새먼의 인과 메커니즘적 설명은 한계를 지닌다. 그가 분석해 보여준 물리적 과정은 적어도 현재까지는 단지 양자역학과는 무관한 고전역학이나 상대성이론의 수준에 머물고 있다. 양자역학은 주지하듯 오늘날 상대성이론과 더불어 현대물리학의 커다란 또 하나의 축을 이룬다. 원자, 전자, 광자 등등의 미시 세계를 다루는 분야이다. 그런데 이와 같은 세계에 대한 양자역학적 결과들은 많은 경우 지금까지 새먼의 이론으로는 이해하기 어려운 과정들을 보여주고 있다. 예컨대 어느 두 입자 A와 B로 이루어진 하나의 계 S를 생각해 보자. 이때 이 A와 B가 처음에는 상호작용하나, 이후에는 서로 완전히 분리돼, 결국 물리적으로 아무런 상호작용도 하지 않는다고 해보자. 하지만 이러한 계 S에 대해서일지라도 슈뢰딩거(E. Schrödinger)가 제시한 하나의 양자역학적 파동함수(이른바 'ψ-함수')에 의해 확률적으로 묘사하는 일이 불가능하지 않다. 즉 해당 계에 대해 어떤 측정이 이루어질 경우, 바로 그 함수에 의해, 문제의 계가 보여줄 여러 가능한 결과들이 나타날 확률을 계산해 낼 수 있는 것이다. 이로써 이제 만일 두 입자 중 어느 하나인 A에 대해 검출기를 통해 그 위치를 측정해 확정 짓는다고 해보자. 그렇다면 이때 또 다른 입자인 B에 관해서도 그처럼 미리 그 위치를 확정 지을 수 있게 된다. 문제의 두 입자가 서로 완전히 분리돼 아무런 상호작용이 없는데도 불구하고 그러한 것이다! 이를 과연 새면식으로 어떻게 이해할 수 있을 것인가? 짐작건대 한 가지 가능성은, A에 대한 위치 측정이 이루어질 경우 그것이 전체 계 S와 상호작용을 하고, 그로써 다시 B의 위치가 결정된다고 보는 것이다. 하지만 A와 B 사이에 물리적 상호작용이 전혀 없는 상태에서 이것이 어떻게 가능한가? 물론 양자역학적 파동함수는 그와 같은 과정에 대한 고민 없이 단지 수학적 결과로써 B의 위치에 대해 우리로 하여금 예측 가능하게 해준다. 하지만 그 실제의 물리적 과정이 어떠한지에 대해 말해 주는 바는 전혀 없다. 그렇다면 이러한 경우야말로, 물리량의 보존을 통해 인과관계를 해명하고, 그로써 인과 메커니즘적 설명을 행하려는 새면으로서는 곤혹스러울 수밖에 없는 경우이다. 그러므로 새면은, 만일 이상의 결과가 부인할 수 없는 사실이라면, 그와 같은 경우들은 아직 그가 이해할 수 없는 결과임을 쉽사리 인정한다. 이에 대한 설명은 향후 우리 모두에게 열려 있는 셈이다.

  끝으로, 이후의 장에서 지적하게 되듯, 실제 설명이 필요한 상황에서 인과관계로써 설명이 이루어질 수 있다 할지라도 어느 한 피설명항에 대해 그를 설명할 수 있는 인과관계는 여러 가지일 수 있다. 그렇다면 그 모든 것이 동원되어야 제대로 된 설명이 이루어질 수 있는 것일까? 아니면 꼭 구별되어야 할 별도의 인과관계가 존재하는 것일까? 만일 후자라면, 그것은 또 어떻게 결정되는 것인가? 새먼 자신 이러한 문제를 의식하지 못했던 것도 아니고, 나름대로 그에 대해 입장이 없었던 것도 아니다. 하지만 이에 대해 본격적이며 의미 있는 탐구는 반 프라센에게서 볼 수 있다. 바로 이어지는 제4장에서 볼 수 있을 것이다.

더 읽을거리

새먼의 설명 모형들과 그에 대한 비판을 개괄적으로 소개하는 문헌들로 다음을 들 수 있다.

Salmon, W. C. (1990), *Four Decades of Scientific Explanation*, University of Minnesota Press.

Galavotti, M. C. (2018), "Wesley Salmon", *Stanford Encyclopedia of Philosophy*, https://plato.stanford.edu/entries/wesley-salmon/.

Woodward, J. & L. Ross (2021), "Scientific Explanation", *Stanford Encyclopedia of Philosophy*, https://plato.stanford.edu/entries/scientific-explanation/.

새먼의 통계 연관적 설명 모형에 관해서는 다음 문헌을 참조하면 좋을 것이다.

Salmon, W. C., R. C. Jeffrey & J. G. Greeno (1971), *Statistical Explanation and Statistical Relevance*, University of Pittsburgh Press.

새먼의 통계 연관적 설명 및 인과 메커니즘적 설명 모형에 관해서는 다음 문헌들을 참고할 수 있다.

Salmon, W. C. (1984), *Scientific Explanation and the Causal Structure of the World*, Princeton University Press.

Salmon, W. C. (1994), "Causality without Counterfactuals", *Philosophy of Science* 61(2), pp. 297–312.

Salmon, W. C. (1997), "Causality and Explanation: A Reply to Two Critiques", *Philosophy of Science* 64(3), pp. 461–77.

Salmon, W. C. (1998), *Causality and Explanation*, Oxford University Press.

Salmon, W. C. (2010), "The Causal Structure of the World", *Metatheoria* 1(1), pp. 1–13.

4

화용론적 설명 이론

4.1 반 프라센의 설명 이론

현대 과학철학의 설명 논의를 근본적으로 되돌아본 반 프라센(Bas Van Fraassen, 1941-)은 헴펠, 새먼, 키처 등이 발전시켜 온 기존의 설명 논의가 시작부터 잘못되었다고 판단한다. 반 프라센은 설명이 구체적인 맥락 속에서 사람이 하는 언어 행위라는 점을 강조하면서 화용론적 설명 이론(pragmatic theory of explanation)을 제시한다. 대학생에게 제시할 설명을 초등학생에게 제시하면 제대로 된 설명일 수 없다는 점만 생각해 봐도 설명이 맥락을 중시해야 한다는 점에는 누구나 동의했다. 하지만 이러한 직관을 발전시킨 화용론적 설명 이론은 설명을 왜 질문에 대한 답변으로 규정하는 데 그치지 않고 왜 질문 및 그에 대한 답변이 어떤 전제와 논리에 따라 제시되는지를 분석한다.

화용론은 구문론, 의미론, 화용론으로 구분되는 언어학의 연구 분야 중 하나이다. 구문론이 언어기호의 규칙과 문법을 연구하고 의미론이 언어기호의 의미를 연구할 때, 화용론은 언어기호가 구체적인 맥락 속에서 실제 어떤 의미로 사용되는지를 연구한다. 반 프라센은 설명이 무엇인지 밝히려는 연구에서도 마찬가지의 구분이 가능하고, 설명에 대한 구문론적 혹은 의미론적 연구를 넘어서서 구체적인 맥락 속에서 설명이 실제로 어떻게 사용되는지를 연구해야 한다고 주장한다.

화용론적 설명 이론에 대한 관심은 스크라이븐(M. Scriven, 1928-)과 브롬버거(S. Bromberger, 1924-2018) 등으로부터 시작해서 반 프라센과 애친스타인(P. Achinstein, 1935-) 등에 의해 발전되었다. 이 책에서는 반 프라센의 화용론적 설명 이론을 소개할 것이다. 먼저 2절에서는 반 프라센의 창작 우화를 축약하여 소개하고, 3절에서는 이 우화가 기존의 설명 이론이 부딪쳐온 난제, 즉 설명의 비대칭성 문제에 대해 어떤 함의를 지니는지를 살펴볼 것이다. 4절에서는 왜 질문에 대한 논리적 분석을 통해 왜 질문에 대한 답변이 고려해야 할 대조 집합(contrast class)이 맥락에 의해 결정된다는 점을 밝히고, 5절에서는 인과 구조에 대한 분석을 통해 설명과 관련된 두드러진 요인이 맥락에 의해 결정된다는 점을 밝히며, 6절에서는 반 프라센의 화용론적 설명 이론을 체계적으로 정리하여 제시할 것이다. 7절에서는 반 프라센의 화용론적 설명 이론을 정확하게 이해하기 위해 구체적인 사례에 적용해 볼 것이며, 8절에서는 반 프라센의 화용론적 설명 이론이 지니는 함의와 문제점을 살펴볼 것이다.

4.2 첨탑의 그림자

다음 반 프라센의 창작 우화는 화용론적 설명 이론의 핵심 입장을 잘 드러내는 것으로, 그의 저서 『과학적 이미지』(*The Scientific Image*,

1980)의 "설명의 화용론"(The Pragmatics of Explanation)에 나온다.

작년에 나는 프랑스의 사온느와 론 지역을 여행했다. 여행 중에 나는 St. X의 기사가 살고 있는 고풍스러운 성에서 하룻밤을 머물렀다. 그 기사는 나의 아버지의 오랜 친구였다. 나의 아버지는 제1차 세계대전 당시에 솜느강 전투에 참여했었는데, 그 기사는 당시 나의 아버지 부대의 프랑스 측 연락관이었다고 한다.

오후 5시에 나이 많은 그 기사와 함께 나는 테라스에서 영국식 홍차와 함께 케이크를 먹었다. 기사는 오후 5시에 그 테라스에서 홍차를 먹는 것이 자신의 일과라고 말했다. 홍차와 케이크가 잘 어울리는 아름다운 테라스였다. 내가 세 번째 잔의 홍차를 마시는데, 해가 저물어가면서 테라스에 그늘이 지기 시작했다.

그때 언뜻 쳐다보게 된 기사의 얼굴은 오래된 성벽이 배경이 되어 더 그렇게 보였는지 모르겠지만, 매우 어둡고 날카로워 보였다. 그 순간, 기사가 말했다.

"곧 첨탑의 그림자가 우리한테까지 드리울 겁니다. 그렇게 되면 여기 테라스가 추워집니다. 이제 안으로 들어가시죠."

우리 자리 근처까지 가까이 온 그림자는 성의 한 편에 특이하게 높이 솟은 첨탑의 그림자였다. 너무나 멋진 테라스에서 홍차와 함께 한가로움을 만끽하던 나는 조금 실망스러웠고, 아쉬워하며 혼잣말로 중얼거렸다.

"왜 첨탑은 그림자를 그렇게 길게 드리워야만 했을까? 이렇게 아름다운 테라스인데 말이야!"

기사가 나를 빤히 쳐다봤다. 질문을 던진 것이 아니었는데, 내 말을 들은 기사는 그렇게 받아들이지 않았다.

"아실지 모르겠지만, 제 조상 한 분은 루이 16세, 마리 앙투아네트와 함께 교수대에 올라가야 했습니다. 그런데 마리 앙투아네트 여왕께서 는 오래전에 이 성을 방문한 적이 있습니다. 제 조상은 그때 여왕께 비 누로 만든 공작새를 선물했다고 합니다. 당시에는 아주 귀한 물건이었 죠. 저 첨탑은 여왕의 방문을 기념하고자 제가 1930년에 세운 것입니 다. 저는 제 조상이 여왕을 맞이한 그 자리에 첨탑을 세웠습니다. 그리 고 1930년은 여왕이 만약 살아있었다면 175세가 되었을 해이기에 저 는 저 첨탑을 정확하게 175피트 높이로 건설했습니다."

기사의 말을 모두 한꺼번에 납득하기는 어려웠고, 몇 가지 궁금증이 생겼지만 참았다.

"지구는 태양 주위를 일정한 궤도로 돌고, 빛은 직선운동을 하고, 삼 각함수 이론은 불변이니, 그림자의 길이가 첨탑의 높이에 의해 결정된 다는 것을 이해하시겠죠?"

기사가 이렇게 덧붙이면서 자리에서 일어나기에 나도 따라 일어났 고, 우리는 안으로 들어갔다.

그날 밤, 나는 늦은 시간까지 책을 보고 있었다. 그런데 낮에 몇 번 마주쳤던 예쁜 하녀가 방문을 노크하고 들어왔다. 클래식한 스타일의 검은 드레스와 하얀 모자를 쓴 하녀는 내가 철학자인 것을 알고서 물어 볼 것이 있다면서 찾아온 것이었다. 우리는 오랜 시간 재미있는 이야기 를 나눴는데, 어쩌다가 나는 하녀에게 첨탑의 그림자 때문에 테라스에 서의 멋진 홍차 시간을 일찍 끝내야 했던 것이 아쉬웠다고 말했다. 그 랬더니 하녀가 오늘 무슨 이야기를 들었냐고 물었고, 나는 기사가 들려 준 마리 앙투아네트 이야기를 들려줬다. 말을 하다 보니, 남의 말을 쉽 게 믿는 나조차도 기사의 이야기가 말이 좀 안 되는 것으로 느껴졌다.

"하인들은 다르게 알고 있답니다."

예쁜 얼굴과 어울리지 않게 하녀가 조소하듯 말했다.

"진실은 전혀 딴판이죠. 조상 이야기는 상관이 없어요. 그 첨탑이 세워진 자리는 자신이 사랑했던 하녀를 죽인 자리입니다. 첨탑의 높이요? 그는 자신이 그 하녀에게 사랑을 처음 고백했던 테라스 자리가 매일 해가 질 때마다 가장 먼저 그림자로 덮이도록 하겠다고 선언했지요. 그래서 첨탑을 그렇게 높게 세운 겁니다."

놀라서 아무 말도 나오지 않았다. 어둡고 날카로웠던 기사의 얼굴이 떠올랐다. 겨우 물었다.

"왜 죽였나요?"

"그 하녀가 하룻밤 방문객이었던 영국의 철학자하고 부정한 행위를 했기 때문입니다."

이 말을 남기며 하녀는 사라졌고, 다음 날 아침 일찍 나는 최대한의 변명을 대며 성을 떠났다.

4.3 설명의 비대칭성?

반 프라센의 우화가 함의하는 바를 생각해 보기 위해 2장에서 포괄법칙 설명 모형을 비판하는 사례로 검토한 깃대 사례를 기억해 보자. 운동장에 서 있는 10미터 높이의 깃대는 기운 해 때문에 7미터의 그림자를 드리우고 있다. 이때 우리는 그 그림자의 길이가 왜 7미터인지를 포괄법칙 설명 모형에 따라 설명할 수 있다. 태양의 고도와 깃대의 높이, 빛이 직진한다는 법칙, 그리고 삼각함수 이론 등을 포함하는 설명항으로부터 피설명항에 해당하는 그림자의 길이를 연역적으로 도출하는 논증을 제시하는 것이다. 그런데 깃대의 높이 대신 깃대의 그림자 길이를 설명항에 포함시키고 거꾸로 깃대의 높이를 피설명항으로 삼아도, 설명항과 피설명항 사이에는 연역적 도출 관계가 성립하는 좋은 논증이 된다. 이렇게 포괄법칙 설명 모형에 따르면, 깃대 그림자의 길이가 왜 7미터인지를 설명하듯이 깃대의 높이가 왜 10미터인지 역시 설명할 수 있다. 하지만 이렇게 양방향으로 설명이 모두 가능하다고 하는 것은 우리의 직관과 어긋난다. 이것은 포괄법칙 설명 모형의 가장 큰 난점으로 지적되어 왔다.

설명에 대한 이후 논의는 모두 설명의 비대칭성 문제로 불리는 이 문제를 해결해야 한다는 점에 동의한다. 이후의 과학철학자들은 대개 설명이 비대칭적이라는 직관을 존중하는 방향으로 설명 논의를 발전시켰다. 인과 메커니즘적 이론이 대표적이다. 원인은 결과를 설명할 수 있지만 결과가 원인을 설명할 수는 없으니, 설명을 인과로 이해하려는 시도는 설명이 비대칭적이라는 판단에 잘 부합하는 것이다.

하지만 반 프라센의 우화는 그와 같은 설명에 대한 기존 논의를 완전히 흔들고 있다. 설명의 일방향성에 대한 우리의 직관이 그렇게 굳건한 것은 아니라는 것을 보여주기 때문이다. 첨탑의 높이를 그 그림자 길이 등을 이용해 설명할 수 있다는 것을 하녀가 보여주었기 때문이다. 하녀의 설명을 설명으로 인정할 수 있다면, 설명은 본래 비대칭적인 것이 아니라는 주장이다.

하녀의 설명을 과연 설명으로 인정할 수 있는지는 여전히 논란거리이다. 이에 대해서는 마지막 절에서 좀 더 논의하기로 한다. 그러나 설명이 실제 사용되는 맥락에 대해 고려하지 않는다면, 설명의 특성을 제대로 논하기 어렵다는 점은 부정하기 어렵다. 그럼 맥락을 충분히 존중하는 설명 이론은 어떻게 가능한가? 설명이 언어 행위라는 점에 주목하여 실제 설명을 요청하는 질문과 그에 대한 답변을 분석하는 것이 하나의 접근 방식이다. 이렇게 반 프라센은 설명을 요청하는 왜 질문에 주목한다.

4.4 왜 질문의 논리

반 프라센은 설명을 왜 질문에 대한 답변으로 규정한 뒤, 그 답변이 제대로 된 답변인지, 그래서 제대로 된 설명을 제시하는지를 따져보기 위해 왜 질문의 맥락과 논리를 분석한다. 왜 질문이 제기되는 맥락에서 전제되는 것은 무엇이고 어떤 논리에 따르는지를 살펴볼 필요가 있다는 것이다. 다음 질문을 생각해 보자.

질문 1   왜 민호는 사과를 먹었는가?

단순하게 분석하면, 질문 1은 다음과 같은 구조를 지닌다.

구조 1   왜 P인가?

여기서 P는 질문의 논제를 나타내는 명제이다. "민호는 사과를 먹었다"가 질문 1의 논제 P이다. 일반적으로 논제를 '왜 …인가?' 와 결합시키면 왜 질문이 만들어진다. 여기서 주목할 점은 이렇게 만들어진 왜 질문은 논제가 참임을 전제한다는 것이다. 질문 1을 제기한 사람은 P가 참이라고 전제하면서 설명을 요청한다. 그 질문에 답하는 사람도 P가 참이라고 전제하면서 설명을 제시한다. 그 질문에 답하려는 사람이 만약 P가 참임을 부정한다면, 그 사람은 설명을 거부하는 것이다.

반 프라센은 이 분석을 받아들이면서 동시에 왜 질문이 구체적인 맥락 속에서 지니게 되는 좀 더 복잡한 구조를 분석하고자 한다. 반 프라센은 먼저 왜 질문이 맥락마다 다양하게 해석될 수 있다는 점에 주목한다. 똑같은 왜 질문이라도 서로 다른 부분을 강조하게 되면 서로 다른 질문으로 해석된다는 것이다. 위의 질문 1을 두고, 밑줄 친 부분을 각각 강조한다고 해보자.

질문 1.1 왜 <u>민호</u>는 사과를 먹었는가?
질문 1.2 왜 민호는 <u>사과</u>를 먹었는가?
질문 1.3 왜 민호는 사과를 <u>먹었</u>는가?

모두 동일한 논제 P를 가지고 만든 왜 질문이다. 하지만 각 질문은 실제 맥락에서 서로 다른 것을 묻는다. 위의 질문 1.1, 1.2, 1.3 각각은 아래처럼 서로 다른 질문으로 해석되는 것이다.

해석 1.1 왜 사과를 먹은 사람은 다른 사람이 아니고 민호인가?
해석 1.2 왜 민호가 먹은 것은 다른 것이 아니고 사과인가?
해석 1.3 왜 민호는 사과를 다르게 처리하지 않고 먹었는가?

서로 다른 질문은 요청하는 정보가 다르고, 질문에 맞는 답변도 다르다. 그래서 질문 1.1과 해석 1.1에 대해서는 "냉장고에 과일은 사과밖에 없었기 때문이다."가 좋은 답변이 될 수 없지만, 그 답변은 질문 1.2와 해석 1.2에 대해서는 좋은 답변이 될 수 있는 것이다.

구체적인 실제 사용 맥락을 고려한 이런 식의 해석을 고려하여 왜 질문의 구조를 분석한다면, 질문 1은 대조 집합이 드러나도록 다음처럼 분석해야 할 것이다.

구조 2　　　왜 X의 다른 것이 아니고 P인가?

　여기서 X는 P에 대한 대조 집합, 즉 대안들의 집합이다. 특별하게 강조할 필요가 있는 것이 아니라면, 대조 집합은 실제로 왜 질문을 던질 때 대부분 생략된다. 대조 집합을 명시하지 않더라도 그것은 맥락에서 파악할 수 있는 것으로 전제되기 때문이다. 예를 들어, 질문 1.1에 대해 답변해야 하는 사람이라면, 질문 1.1을 해석 1.1로 이해하여 질문자가 전제한 대조 집합 X에 "민수는 사과를 먹었다", "정수는 사과를 먹었다", "명수는 사과를 먹었다" 등이 포함될 수 있다는 것을 파악할 것이다. 요청하는 정보가 무엇인지를 파악한다는 것은 바로 대조 집합에 무엇이 포함되는지를 대략이라도 파악한다는 뜻이고, 그래야 제대로 된 답변, 나아가 좋은 설명을 제시할 수 있다. 그렇게 설명은 맥락 의존적이다. 좋은 설명을 위해 필요한 대조 집합을 결정하는 것이 맥락이기 때문이다.

4.5 두드러진 요인과 맥락

왜 아메리카 원주민인 인디언은 인디언 보호구역에 거주할까? 세계 역사를 보면, 선진 기술을 가진 사람들이 침략한 대부분 지역의 원주민은 땅을 빼앗겨 피난 가야 했고, 결국 원주민의 경제와 문화 등은 쇠퇴했다. 아메리카 원주민의 사례도 이러한 역사적, 통계적 사실의 하나로 이해해야 한다는 식의 대답은 제대로 된 답변일까? 제대로 된 설명을 제시했다고 할 수 있을까? 그렇다고 말하기 어렵다. 설명을 요청했을 때, 우리는 대개 문제의 사건이 발생하게 된 주요 원인을 알고 싶어 하기 때문이다.

주요 원인을 파악하고 인과 관계를 밝히는 것이 제대로 된 설명을 제시하는 데에 도움이 된다는 점을 부정하기는 어렵다. 그러나 인과 개념을 어떻게 이해해야 하는지의 문제는 앞서 검토한 인과 메커니즘적 설명 이론에서도 충분히 해결되지 못한 채 남겨져 있다. 그럼에도 불구하고, 인과 개념을 중심으로 설명을 이해하려는 시도가 전제하는 대략 다음과 같은 입장은 그럴듯하다. 즉, 세계가 사건들끼리 서로 연결된 복잡한 그물과 같고, 과학은 그 그물의 연결 고리를 보여준다는 것이다. 다음 주장들을 살펴보자.

(1) 사건들은 인과 관계의 그물 안에서 연결되어 있다.
(2) 과학이 기술하는 것은 인과 그물이다.
(3) 왜 사건이 발생하는지에 대한 설명은 인과 그물에서 그 사건에 이르는 과정에 두드러진 요인을 보여주는 것이다.
(4) 설명에서 언급되는 그렇게 두드러진 요인은 그 사건의 원인이다.

반 프라센은 여기서 설명이 무엇인지를 밝히기 위해 필요한 것이 인과 그물 전체가 아니라 설명과 관련된 '두드러진 요인'임을 지적한다. (1)과 (2)가 아니라 (3)과 (4)에 주목하면 된다는 것이다. 그 이유는 두 가지이다. 첫째, 널리 받아들여진 대표적인 설명 사례와 부합해야 하기 때문이다. 누구나 고개를 끄덕이는 실제의 설명 사례는 대개 한두 개의 선행 사건이나 초기조건 혹은 그 둘의 조합을 원인으로 거론한다. 관련된 사건들 전체의 인과 관계를 밝혀야 설명이 된다고 보지 않는다. 둘째, 실제로 설명을 할 수 있게 해야 하기 때문이다. 무리한 조건을 붙여서 현실에서 설명이 제시되지 못하도록 해서는 안 된다는 것이다. 우리가 전체 인과 그물을 기술하는 것은 불가능에 가깝다. 전체가 아니라 일부분으로 한정한다고 해도 그것은 매우 어려운 일이다. 반면 설명에 필요한 것은 특정한 인과 관계이다. 그 인과 관계가 원칙적으로라도 기술될 수 있다고 말하는 것이고, 그 특정한 인과 관계는 바로 설명과 관련된 두드러진 요인을 거론하면 충분히 밝혀진다고 할 수 있다.

예를 들어, 큰뿔사슴의 멸종 사건을 설명한다고 해보자. 그 멸종 사건에 앞서는 선행 사건 중에서 통계적으로 관련이 있는 것은 여럿이다. 큰뿔사슴이 지닌 다양한 특징과 환경조건 중 다수가 여기에 해당할 수 있다. 하지만 그 멸종 사건에 대해 널리 받아들여진 설명은, 수사슴의 큰 뿔이 생존에 적합하지 않았다는 것이다. 수사슴은 큰 뿔을 지닐수록 암사슴의 선택을 받았지만, 큰 뿔은 거추장스러웠고 생존에 큰 방해가 되었다는 것이다. 깊이 따져보면, 큰뿔사슴이 지닌 다른 특징과 환경조건도 그 멸종 원인 중 하나에 해당할 수 있다. 하지만 그 어느 것도 두드러진 요인으로 지적되지 않았고, 두드러진 요인으로 거론되지 않는 것을 가지고서는 좋은 설명을 할 수 없다. 두드러진 요인으로 거론되지 않던 것을 새로 거론하면서 좋은 설명을 할 수 있겠지만, 그렇게 되면 그렇게 새로 거론된 요인이 두드러진 요인이 되는 새로운 설명이 제시되는 것이다.

그럼 설명과 관련된 두드러진 요인이 무엇인지는 어떻게 밝혀낼 수 있는가? 여기에서도 맥락이 작동한다. 대개 한 사건의 원인으로 지칭될 수 있는 후보 요인은 여럿이 있다. 그 모두가 객관적으로, 그리고 과학적으로 관련이 있는 요인일 수 있다. 그중에서 두드러진 요인으로 뽑혀 그 사건의 원인으로 지칭되는 데에는 무엇이 두드러진 요인인지를 선택하고 결정하는 사람의 관심과 배경지식 등을 포함하는 맥락이 작동한다. 앞서 왜 질문의 분석 과정에서도 마찬가지였다. 대조 집합이 무엇인지는 질문이 제기된 맥락에서 파악할 수 있다고 한 것처럼, 두드

러진 요인을 결정하는 것 역시 맥락이다. 다시 한번 설명이 맥락 의존
적이라는 것을 확인할 수 있다.

4.6 반 프라센의 화용론적 설명 이론

반 프라센의 화용론적 설명 이론을 체계적으로 정리해 보자. 그 이론의
출발점은 설명이 왜 질문에 대한 답변이고, 왜 질문 및 그에 대한 답변
은 모두 맥락에 의존한다는 것이다.

　반 프라센은 실제 맥락 속에서 사용되는 왜 질문과 그에 대한 답변이
지니는 형식을 다음과 같은 형태로 분석한다. 그 분석 결과를 앞에서
살펴본 질문 1 "왜 민호는 사과를 먹었는가?"에 적용해 함께 살펴보자.

　　왜 질문　　왜 X의 다른 것이 아니고 P_k인가?
　　답변　　　X의 다른 것과 대조해서 P_k인 것은 A 때문이다.

　　왜 질문　　왜 민호는 다른 과일이 아니고 사과를 먹었는가?
　　답변　　　민호가 다른 과일과 대조해서 사과를 먹은 것은 냉장고
　　　　　　　에 과일이 사과밖에 없었기 때문이다.

　왜 질문을 통해 설명을 요청할 때, 논제 P_k가 참이라는 전제를 부정
하면서 설명을 요청할 수는 없다. 마찬가지로, 왜 질문에 대해 답변할
때, 논제 P_k가 참이라는 전제를 부정하면 요청받은 설명을 거부하는 것
에 해당한다. 여기에 덧붙여 반 프라센은 왜 질문과 그에 대한 답변이
동일한 맥락을 전제로 한다는 사실을 지적하면서, 설명이 맥락 의존적
이라는 점이 화용론적 설명 이론의 핵심임을 밝힌다.

반 프라센이 특별히 강조한 설명의 맥락 의존성은 위의 분석에서 드러난 것처럼 왜 질문의 의미가 대조 집합에 의해 결정된다는 점이다. 왜 질문과 그에 대한 답변에는 실제 언어 행위에서는 대개 생략되지만, '다른 것이 아니고'와 '다른 것과 대조해서'처럼 설명을 요청하고 제시할 때 전제되는 대조 집합이 있다. 그 대조 집합에 들어갈 '다른 것'이 구체적으로 무엇인지를 밝힐 때, 왜 질문과 그에 대한 답변의 의미가 명료해질 수 있다. 하지만 대조 집합은 맥락에서 파악해야 하는 것이다. 반 프라센의 화용론적 설명 이론은 설명을 요청하고 제시할 때 전제되는 대조 집합의 내용이 구체적인 맥락에서 결정된다고 하기에 설명이 맥락 의존적이라고 말하는 것이다.

왜 질문에 대한 답변은 주어진 맥락 아래에서 다음 세 가지 요소, 즉 논제 P_k, 대조 집합 X, 연관 관계 R로 결정된다. 여기서 연관 관계는 다시 두 요소로 구분할 수 있다. 하나는 왜 질문에 대한 답변의 핵심 내용 A이고, 다른 하나는 그 핵심 내용이 논제를 포함한 대조 집합의 원소들과 지니는 관계이다. 반 프라센은 이 두 요소를 구분하지 않고 합쳐서 연관 관계라고 하지만, 답변의 핵심 내용 A를 따로 구분하여 소개하는 것이 전체적인 이해에 도움이 될 수 있기에 적용 사례에서는 A를 구분해 소개하기로 한다.

논제	P_k
대조 집합	$X = \{P_1, P_2, \cdots, P_k, \cdots\}$
연관 관계	$R =$ 답변의 핵심 내용 A와 P_k의 관계 및 A와 X의 다른 것의 관계

논제	$P_k =$ 민호는 사과를 먹었다.

대조 집합   X = {귤, 배, …, 사과, …}

답변의 핵심 내용 A = 냉장고에 과일이 사과밖에 없었기 때문이다.

A의 연관 관계   R = A와 P_k 사이의 관계, A와 "민호는 귤을 먹었
다" 사이의 관계, A와 "민호는 배를 먹었다" 사이
의 관계 등.

이렇게 반 프라센의 화용론적 설명 이론에서 대조 집합과 함께 중요
한 역할을 하는 것은 연관 관계 R이다. R은 주어진 맥락에서 A가 지니
는 특성이다. A가 X의 원소들과 지니는 관계적 특성이다. R은 X의 원
소인 P_k가 참이 되도록 하고 X의 나머지 다른 원소가 거짓이 되도록
한다. 바로 그 R의 특성 때문에 A는 P_k가 발생하는 두드러진 요인이
된다. 냉장고에 과일이 사과밖에 없었다는 것은 민호가 다른 과일이 아
니고 사과를 먹게 된 두드러진 요인이다. 그렇게 냉장고에 과일이 사과
밖에 없었다는 사실이 지니는 관계적 특성이 연관 관계 R이다.

그럼 왜 질문에 대한 답변은 결국 다음 네 가지 주장을 전제하거나
함축하는 것으로 분석할 수 있다. 첫째는 P_k가 참이라는 것이고, 둘째
는 P_k를 뺀 X의 나머지 다른 원소가 모두 거짓이라는 것이다. 사실 이
두 주장은 왜 질문이 제기될 때 이미 전제된 것이다. 왜 질문에 대한 답
변은 왜 질문과 동일한 맥락 아래에 있기 때문에 두 주장을 받아들이면
서 답변하는 것이다. 왜 질문에 대한 답변이 추가로 주장하는 것은 셋
째로 A가 참이라는 것과 넷째로 A가 이유라는 것이다. 넷째 주장을 두
고, 반 프라센은 A에 포함된 '때문이다' 라는 표현을 과도하게 해석하
지 않도록 주의한다. 여기서 '때문이다' 라는 표현은 주어진 맥락에서
A가 왜 질문과 관련이 있다는 것을 말할 뿐이지 형이상학적인 다른 의
미를 살펴봐야 하는 것은 아니라는 것이다.

마지막으로 맥락을 구성하는 것 중에서 배경지식의 역할을 강조할 필요가 있다. 배경지식은 왜 질문을 제기하는 사람과 그에 대해 답변하는 사람이 공유하는 것으로, 그 구체적 내용은 대개 암묵적으로 전제된다. 그 내용에는 왜 질문이 제기되고 답변이 이뤄지던 당시에 널리 수용되고 있는 배경 이론과 사실적 정보를 모두 합친 것, 즉 과학적 지식 전체가 포함된다. 배경지식은 왜 질문의 의미와 그에 대한 답변을 규정하는 데에 있어 가장 중요한 역할을 하는데, 무엇보다도 R이 제대로 작동할 수 있도록 돕는 역할을 한다. R이 제대로 작동해야 좋은 설명이 될 수 있기 때문에 배경지식의 역할은 특히 중요한 것이라 할 수 있다.

R이 제대로 작동하는지의 여부는 결국 좋은 설명과 좋지 않은 설명을 구분하는 기준이 된다. 그럼 R이 제대로 작동하는지의 여부는 어떻게 판단하는가? 이에 대해 반 프라센은 세 가지를 고려할 수 있다고 말한다. 첫째, A가 참인지 혹은 수용 가능한지 등을 평가할 수 있고, 둘째, P_k를 뺀 X의 다른 것에 비해 A가 P_k와 얼마나 잘 부합하는지를 평가할 수 있으며, 마지막으로 셋째, A 때문이라는 답변의 핵심 내용이 피상적인 것이 아니어서 다른 답변이 제시되고 나면 제거 가능한 종류가 아닌지를 평가할 수 있다는 것이다.

반 프라센은 이상의 세 가지 기준을 제시할 뿐, R이 정확하게 무엇인지 더 이상 논의하지 않는다. 단지 맥락에서 결정된다고 말할 뿐이다. 배경지식의 역할과 R이 제대로 작동하는지의 여부, 나아가 좋은 설명과 좋지 않은 설명을 구분하는 세 가지 기준에 대해 좀 더 살펴보기 위해 과학사의 사례를 하나 검토해 보자.

4.7 배경지식과 좋은 설명의 기준

1781년에 천왕성이 처음 발견된 뒤, 천왕성의 궤도에 대한 관찰 결과
는 뉴턴의 중력 법칙으로 예측한 천왕성의 궤도와 일치하지 않아 많은
과학자들을 당혹스럽게 했다. 천왕성의 궤도에 대한 관찰 결과와 뉴턴
의 중력 법칙 중 어느 것도 틀렸다고 말하기 어려웠기 때문이다. 이때,
르베리에는 천왕성보다 더 멀리에 다른 행성이 존재해서 천왕성의 궤
도에 영향을 끼칠 수 있다는 가설을 세운다. 그 점을 고려하지 않았기
때문에 뉴턴의 중력 법칙에 따른 천왕성의 궤도 예측이 틀렸다고 본 것
이다. 르베리에는 다른 행성이 존재한다면 어느 지점에 있을지를 수학
적으로 계산하여 추정했고, 르베리에가 예측한 그 자리에서 해왕성이
발견됐다. 이렇게 천왕성의 궤도 불일치 문제를 해결한 르베리에는
'펜촉만으로 행성을 발견한 사람'이라는 칭송을 들으며 단숨에 세계적
인 유명 인사가 되었고, 뉴턴의 중력 법칙은 의심의 여지가 없는 진리
로 받아들여졌다.

　　더욱 흥미로운 사건은 그다음 에피소드에서 발생한다. 수성의 궤도
에 대한 당시의 관찰 결과 역시 뉴턴의 중력 법칙에 따른 예측과 일치
하지 않았는데, 르베리에는 수성의 궤도에 대해서도 일찍부터 관심을
가지고 있었다. 이제 해왕성의 예측에 성공한 르베리에는 수성의 궤도
불일치 문제도 마찬가지의 방법으로 해결할 수 있을 것으로 생각하게
되었다. 르베리에는 수성보다 태양과 더 가까운 거리에서 미지의 행성
이 태양 주위를 돌면서 수성의 궤도에 영향을 끼쳤다는 가설을 세웠다.
이번에는 그 미지의 행성에 '벌컨'이라는 이름까지 미리 붙였다. 마침
르베리에의 수학적 추정에 따라 벌컨 행성을 발견했다고 주장하는 천
문학자가 나타나자, 프랑스 정부는 르베리에에게 레지옹 도뇌르 훈장

을 수여하며 벌컨 행성의 존재를 공인했다. 하지만 벌컨 행성의 관찰
결과 및 그 존재에 대해 의심하는 천문학자들이 있었고, 아인슈타인의
상대성이론이 등장한 이후에는 수성의 궤도에 대한 관찰 결과를 설명
하기 위해 더 이상 벌컨 행성의 존재를 가정할 필요가 없어졌다. 수성
의 궤도에 대한 관찰 결과는 상대성이론의 예측과 잘 부합했기 때문이
다. 결국 벌컨 행성은 존재하지 않는 것으로 밝혀졌다.

　이제 르베리에와 아인슈타인이 다음의 동일한 왜 질문에 대해 답변
한다고 가정해 보자.

　　왜 질문　　　　　수성 궤도에 대한 관찰 결과는 왜 뉴턴의 중력
　　　　　　　　　　법칙에 따른 기존 예측과 일치하지 않는가?

　　르베리에의 답변　그들이 서로 일치하지 않는 것은 기존 예측이
　　　　　　　　　　수성 궤도에 영향을 끼치는 벌컨 행성의 존재
　　　　　　　　　　를 고려하지 못했기 때문이다.

　　아인슈타인의 답변　그들이 서로 일치하지 않는 것은 뉴턴의 중력
　　　　　　　　　　법칙이 태양 주변 시공간의 휘어짐을 반영하지
　　　　　　　　　　못해 틀렸기 때문이다.

　르베리에의 답변과 아인슈타인의 답변은 각각 다음과 같은 설명을
제시하는 것으로 분석할 수 있다. 즉 반 프라센의 화용론적 설명 이론
에 따를 때, 두 답변은 각각 다음과 같은 논제, 대조 집합, 답변의 핵심
내용, 연관 관계로 분석할 수 있는 것이다.

르베리에의 설명

논제 P_k = 수성 궤도에 대한 관찰 결과는 뉴턴의 중
                     력 법칙에 따른 기존 예측과 일치하지 않는다.

대조 집합   X = {수성 궤도에 대한 관찰 결과가 틀림, 뉴
                     턴의 중력 법칙이 틀림, …, 벌컨 행성의 존재
                     를 고려하지 못함, …}

답변의 핵심 내용   A = 그들이 일치하지 않는 것은 수성 궤도에
                     영향을 끼치는 벌컨 행성의 존재를 고려하지
                     못했기 때문이다.

연관 관계   R = A와 P_k 사이의 관계, A와 "그들이 일치하
                     지 않는 것은 수성 궤도에 대한 관찰 결과가 틀
                     렸기 때문이다" 사이의 관계, A와 "그들이 일
                     치하지 않는 것은 뉴턴의 중력 법칙이 틀렸기
                     때문이다" 사이의 관계 등.

아인슈타인의 설명

논제 P_k = 수성 궤도에 대한 관찰 결과는 뉴턴의 중
                     력 법칙에 따른 기존 예측과 일치하지 않는다.

대조 집합   X = {수성 궤도에 대한 관찰 결과가 틀림, 벌
                     컨 행성의 존재를 고려하지 못함, …, 뉴턴의
                     중력 법칙이 틀림, …}

답변의 핵심 내용   A = 그들이 일치하지 않는 것은 뉴턴의 중력
                     법칙이 태양 주변 시공간의 휘어짐을 반영하지
                     못해 틀렸기 때문이다.

연관 관계   R = A와 P_k 사이의 관계, A와 "그들이 일치하

지 않는 것은 수성 궤도에 대한 관찰 결과가 틀렸기 때문이다" 사이의 관계, A와 "그들이 일치하지 않는 것은 수성 궤도에 영향을 끼치는 벌컨 행성의 존재를 고려하지 못했기 때문이다" 사이의 관계 등.

　다른 시대의 두 과학자를 한자리에 소환한 것이니만큼, 여러 가지 가정이 포함된 위의 분석은 논의의 편의를 위해 동일한 왜 질문에 답변하는 것으로 설정했다. 왜 질문과 그에 대한 답변은 동일한 맥락 아래에서 하나의 짝으로 이뤄지는 것이지만 말이다. 동일한 왜 질문을 공유하는 만큼, 두 답변은 동일한 대조 집합을 고려하는 것으로 가정된다. 대조 집합 역시 맥락에 따라 결정되는 것이고 반 프라센의 설명 이론에서 대조 집합은 중요한 요소이지만, 대조 집합의 모든 선택지를 누구나 매번 완벽하게 파악할 수 없다는 점 등을 이유로 들어 그러한 가정을 정당화하고 넘어가자. 가정은 거기까지이다. 두 과학자의 답변은 서로 다른 맥락, 서로 다른 배경지식을 전제로 한다. 동일한 왜 질문에 대해 두 과학자의 서로 다른 답변은 서로 다른 설명을 제시하지만, 각각의 맥락에는 들어맞는 좋은 설명을 제시한다고 평가할 수 있다.

　그들의 대조 집합을 비교해 보면 드러나듯이, 두 과학자는 서로 상충하는 답변을 제시한다. 상충하는 답변이라면 하나가 좋은 것일 때 다른 하나는 나쁜 것이어야 하겠지만, 두 과학자의 답변이 모두 좋은 설명일 수 있는 것은 각각의 맥락, 특히 서로 다른 배경지식을 전제로 평가가 이루어지기 때문이다. 설명은 맥락 독립적인 특성을 지니는 진리나 지식과 다르다. 이론이 제시된 당시의 맥락 아래에서라도 천동설이나 플로지스톤 이론이 진리였다고 말할 수는 없다. 천동설이나 플로지스톤 이론처럼 지금은 완전히 틀린 이론이라는 것을 누구나 알고 있지만, 각각의 이론이 제시된 당시의 맥락 아래에서는 모두 과학적으로 좋은 설명을 제시하는 이론으로 인정받을 수 있다. 지금까지도 천동설이나 플로지스톤 이론이 좋은 설명을 제시했다고 판단하는 것이 가능하다는 것이다. 마찬가지로 르베리에의 답변과 아인슈타인의 답변은 각각의 맥락에서 모두 좋은 설명을 제시하는 것으로 평가할 수 있다. 설명은 각각의 맥락 속에서 평가되는 것이기 때문이다.

연관 관계 R이 제대로 작동하는지가 좋은 설명의 판단 기준이라면, 르베리에의 답변은 반 프라센이 제시한 세 가지 기준을 모두 만족시키기 때문에 좋은 설명이다. 즉, 그 답변은 R이 제대로 작동하고 있음을 보여준다. 르베리에의 맥락에서 보면, 첫째, 수성 궤도에 영향을 끼치는 벌컨 행성이 존재한다는 답변은 참이라고 추정할 수 있는 근거가 충분한 주장이고, 둘째, 수성 궤도에 대한 관찰 결과가 틀리다고 하거나 뉴턴의 중력 법칙이 틀리다고 하는 것보다 수성 궤도에 영향을 끼치는 벌컨 행성이 존재한다는 사실을 고려하지 못했기 때문이라는 답변은 논제와 잘 부합하는 것이다. 게다가 셋째, 수성 궤도에 영향을 끼치는 벌컨 행성이 존재한다는 사실을 고려하지 못했기 때문이라는 답변은 달리 그럴듯한 대안이 없는 유일한 선택지였다. 뉴턴의 중력 법칙을 대체하는 새로운 이론이 있을 수 있다는 생각을 할 수 없었던 시기이고, 수성 궤도에 대한 관찰 결과 역시 의심의 여지가 없었기 때문이다. 이러한 판단은 모두 르베리에의 맥락, 무엇보다도 르베리에의 답변이 전제하는 배경지식에 근거한 것이다. 그리고 이러한 세 가지 판단을 근거로 하기에, 즉 R이 제대로 작동하고 있기에 르베리에의 설명은 좋은 설명으로 평가되는 것이다.

하지만 르베리에의 설명과 아인슈타인의 설명을 동일한 맥락, 동일한 배경지식 아래에서 평가하면 어떻게 될까? 아인슈타인의 맥락에서 평가하면, 르베리에의 설명은 좋은 설명이 될 수 없다. 르베리에의 설명을 좋은 설명으로 평가했던 세 가지 판단 근거가 모두 무너지기 때문이다. 첫째, 수성 궤도에 영향을 끼치는 벌컨 행성이 존재한다는 답변은 더 이상 참이라고 추정할 수 없는 주장이기 때문이다. 아인슈타인의 맥락에서 판단하면, 벌컨 행성이 존재한다고 믿는 과학자는 거의 없기 때문이다. 둘째, 존재하지 않는 것으로 생각되는 벌컨 행성을 가정하는 것보다는 뉴턴의 중력 법칙을 대체할 수 있는 상대성이론을 가정할 때 수성 궤도의 불일치 문제를 쉽게 해결할 수 있다. 이에 벌컨 행성이 수성 궤도에 영향을 끼치는 것으로 수성 궤도의 불일치 문제를 해결하는 것이 논제와 가장 잘 부합하는 것이라고 판단하기 어렵다. 마지막으로 셋째, 상대성이론 덕분에 뉴턴의 중력 법칙이 틀린 것이라고 말하는 것이 그럴듯한 선택지가 됐다. 이렇게 보면, 르베리에의 설명은 아인슈타인의 설명 맥락과 배경지식을 전제할 경우에 좋은 설명으로 평가될 수 없다. 거꾸로 르베리에의 맥락에서 평가해도 마찬가지이다. 아인슈타인의 설명은 르베리에의 맥락을 전제할 경우에 좋은 설명으로 평가될 수 없을 것이다. 배경지식을 중심으로 하는 맥락에 의존하지 않고서는 좋은 설명을 알아볼 수 없기 때문이다.

4.8 화용론적 설명 이론의 함의와 문제점

설명은 과학의 궁극적 목적이 아니라 과학의 활용이며, 세상의 작동 원리를 밝혀내려는 과학에서 그렇게 중요한 것이 아니다. 설명을 통해 얻게 되는 과학적 이해는 부수적이라는 것이다. 그것이 반 프라센의 화용론적 설명 이론이 함의하는 바이다.

전통적으로 설명은 예측과 함께 과학의 주요 목표였고, 예측하고 설명하기 위해 과학 이론이 사용되었다. 과학적 지식은 과학 이론이 예측에 성공한 성과인 기술적 지식과 설명적 지식으로 이루어진다고 생각했다. 기술적 지식의 내용인 기술이 이론과 사실 사이의 이항관계인 것처럼 설명적 지식의 내용인 설명도 이론과 사실 사이의 이항관계라고 생각했다.

하지만 반 프라센의 화용론적 설명 이론은 설명이 이론과 사실 그리고 맥락 사이의 삼항 관계임을 밝혔다. 설명이 특정한 맥락에서 요청받은 정보를 제공하는 답변이기 때문에 본질적으로 맥락에 상대적이라는 것이다. 반 프라센 이전에도 설명이 맥락에 의존한다는 점은 지적된 바 있다. 하지만 누구도 설명이 궁금증을 해소하는 답변에 불과하고, 설명이 과학의 궁극적 목적이 아니라고 말하지 못했다. 설명이 과학적 성취의 부산물이라고 말하지 않았다.

설명이 맥락 의존적이라는 것이 그렇게 강한 함의를 지니는가? 반 프라센에 따르면, 설명은 이론과 사실 그리고 맥락 사이의 삼항 관계이기에 과학 이론이 설명력을 지닌다는 말은 부정확하고 잘못된 표현이다. 설명에 성공했다는 말도, 따지고 보면 맥락에 맞는 적절한 수준의 유의미한 정보를 있는 그대로 정확하게 기술할 수 있었다는 말과 다르지 않기 때문이다. 과학이 설명을 추구한다고 할 때 설명이 가치를 지닐 수 있는 것은, 결국 과학이 경험적으로 적합한, 그래서 참이라고 말할 수 있는 과학 이론을 찾아내기 때문이다. 설명이 추구하는 이해를 객관적인 경험을 통해 확인하기 어려운 것은 사실이고, 그런 측면에서 설명의 맥락 의존성을 강조하며 설명 자체가 과학의 목표는 아니라는 반 프라센의 입장은 경험주의 원칙에 철저하게 충실한 것이다.

그러나 반 프라센의 화용론적 설명 이론이 현대 과학철학자들 사이에서 널리 수용된 것은 아니고, 난점도 여럿 지적되고 있다. 먼저 첨탑의 그림자 우화 속 하녀의 설명이 과연 설명의 비대칭성을 반박하는 것인지를 두고 논란이 있다. 하녀의 설명은 테라스에 그림자를 드리우려는 기사의 의도를 통해서 첨탑의 높이를 설명하는 것이기에 정확하게 따져보면 첨탑의 그림자를 가지고서 첨탑의 높이를 설명하는 것은 아니라는 것이다.

설명이 맥락 의존적이라는 지적에 대해서도 논란이 있다. 설명이 이론과 사실 그리고 맥락 사이의 삼항 관계라는 점은 널리 인정받았지만, 연관 관계 R이 정확하게 무엇인지에 대해서는 회의적인 시선이 대부분이다. 아무 관계나 다 연관 관계 R로 인정받을 수 있다면, 아무것이나 다 설명이 될 수 있다는 것이 아닌지 의심한다. 인과관계 같은 것만이 연관 관계 R의 제대로 된 후보자라고 생각하는 입장에서 보면, 설명항과 피설명항을 연결시키는 연관 관계 R이 무엇인지 정확하게 제시하지 않고 모든 것을 맥락이 결정할 것이라는 반 프라센의 이론은 미완성이다.

설명은 과학의 목표가 아니고 형이상학이라는 듀헴의 입장은 이미 오래전에 논박되었다고 언급하면서도, 반 프라센은 이해를 추구하는 설명이 맥락을 넘어서서 객관적 실체를 지니는 것처럼 논의하는 것이 과도하게 형이상학적이지 않은지 경계한다. 설명이 무엇인지에 대한 논의를 경험적으로 확인할 수 없는 영역으로 가져가지 않으려 한다.

더 읽을거리

반 프라센의 설명 이론은 다음 글이 핵심이다.

van Fraassen, B. C. (1980), "The Pragmatics of Explanation", in *The*

Scientific Image, Oxford University Press, pp. 97–158.

반 프라센의 입장을 소개한 글로는 다음을 읽어보는 것이 도움이 된다.

Skow, B. (2016), "Scientific Explanation", in *Oxford Handbook of Philosophy of Science*, ed., P. Humphreys, Oxford University Press.

Salmon, W. C. (1990), *Four Decades of Scientific Explanation*, University of Pittsburgh Press.

Woodward, J. & L. Ross (2021), "Scientific Explanation", *Stanford Encyclopedia of Philosophy*, https://plato.stanford.edu/entries/scientific-explanation/.

5

통합적 설명 모형

5.1 설명·이해·통합

통합으로서의 설명

통합적 설명 모형(Unificationist model of explanation)은 프리드먼 (M. Friedman)이 처음으로 주장했고 키처(P. Kitcher)가 체계화한 이론이다. 통합적 설명 모형은 지금까지 살펴본 설명 이론 중 가장 나중에 등장한 만큼 이전의 이론의 문제와 한계를 극복하고 설명에 관한 새로운 이론을 제시하고자 한다.

통합적 설명 모형의 특징은 설명의 목적을 이전 이론과는 근본적으로 다르게 보는 데 있다. 그 모형에 따르면, 설명의 목적은 다양한 현상을 통합하여 하나로 묶어 자연에 대한 이해를 증진하는 것이다. 포괄법칙 모형을 예로 들어보자. 포괄법칙 모형에서는 초기조건과 관련 법칙이 주어지면 피설명항이 발생할 것이 기대된다. 이처럼 설명은 설명항으로부터 피설명항을 도출하여 후자의 발생에 관한 기대가능성을 제공한다. 우리는 그런 기대가능성을 통해 왜 깃대 그림자의 길이가 7미터인지를 이해할 수 있다. 그러나 여기서 중요한 점은 포괄법칙 모형에 따른 설명의 일차적 목적은 이해가 아니라 도출을 통한 기대가능성이라는 것이다. 이해는 심리 상태라는 점에서 주관적 개념이며, 그런 주관적 개념을 논리적으로 해명할 수 없기 때문이다.

통합적 설명 모형이 주장하듯이, 설명의 목적이 기대가능성이 아니라 이해에 있다면 포괄법칙 모형은 적합한 설명 모형이 되기 어려울 것이다. 그 주요한 이유는 기대가능성이 반드시 이해 가능성을 함축하지는 않기 때문이다. 예를 들어, 깃대의 높이를 포함한 초기조건, 빛의 직진 및 그림자의 생성에 관련된 법칙들이 주어지면 특정한 길이를 갖는 그림자의 형성이 기대된다는 점에서, 그림자의 길이는 포괄법칙 모형에 따라 설명된다고 할 수 있다. 그러나 그런 방식으로 그림자의 길이가 설명된다고 해서 그림자의 길이가 7미터인 것을 이해하게 되었다고 말하기는 어렵다.

기대가능성이 이해 가능성으로 나아가지 못하는 이유는 무엇인가? 통합적 설명 모형에 따르면, 그것은 설명의 본질이 설명항으로부터 특정한 피설명항만을 도출하는 데 있지 않고 그것을 포함하여 왜 질문과 관련된 여러 가지 현상을 통합하는 데 있기 때문이다. 현상을 이해하기 위해서는 설명항으로부터 피설명항을 도출하는 것만으로 충분치 않으며 그와 더불어 통합이라는 기능이 수행되어야 한다. "왜 깃대의 그림자가 7미터인가?"라는 질문과 관련된 다양한 현상들이 있다. 예를 들어 나의 그림자, 빌딩의 그림자, 숲속 나무들 사이로 비치는 햇빛, 자동차의 전조등, 영화관의 화면에 비치는 영상 등을 비롯한 빛의 직진 등이 있다. 만약 설명이 특정한 현상을 도출하는 것이라면, 우리는 깃대의 그림자, 숲속 나무들 사이로 비치는 햇빛, 영화관의 화면 등 얼핏 보기에 무관해 보이지만 실제로는 통합적으로 설명될 수 있는 현상들에 대해 별도의 설명을 제시해야만 할 것이다. 그러므로 깃대 그림자의 발생에 대한 설명이 진정한 설명인지는 특정 현상만을 도출하는 것으로 평가될 것이 아니라 다양한 관련 현상들을 통합할 수 있는지에 따라 평가되어야 한다.

통합적 설명 모형은 다음과 같은 세 가지 핵심 주장으로 이루어져 있다.

- 설명은 피설명항의 발생에 대한 이해를 제공한다.
- 이해는 통합을 통해 획득된다.
- 설명의 본질은 통합에 있다.

이처럼 통합적 설명 모형에서는 설명·이해·통합이라는 세 가지 요소가 긴밀히 연결되어 있다. 이런 연결을 토대로 설명의 목적은 자연현상에 대한 포괄적 이해를 제공하는 것이며, 그런 목적은 설명적 통합을 통해 달성된다는 주장이 성립한다.

도출에서 통합으로

DN 설명의 특징은 피설명항을 설명항으로부터 도출하는 데 있다. 도출로서의 설명 개념이 갖는 한계를 보기 위해 구체적 예를 살펴보자. 기체의 부피·압력·온도의 관계를 규정하는 보일·샤를의 법칙(Boyle-Charles' law)은 기체분자운동론(kinetic theory of gases)으로부터 도출될 수 있다. 설명항인 기체분자운동론으로부터 도출을 통해 왜 보일·샤를의 법칙이 참인지가 설명된다. 그런데 여기서 프리드먼은 도출 가능성이 보일·샤를의 법칙이 참이라는 점을 보증하느냐는 질문을 제기한다. 보일·샤를의 법칙이 기체분자운동론으로부터 도출될 수 있다는 점을 아는 것이 그 법칙이 참인지를 이해하는 데 도움이 되는가? 이와 관련하여 헴펠은 도출에 포함된 법칙의 참은 문제가 되지 않으며 그것은 단순히 참이라고 가정된다고 보았다. 그에 따르면 설명의 목표는 도출을 통해 피설명항의 발생에 대한 기대가능성을 제공하는 것이며, 피설명항의 발생에 관한 이해라는 주관적 개념과는 무관하다.

통합적 설명 모형에 따르면, 설명의 목표는 피설명항의 발생에 대한 기대가능성을 넘어 그것의 발생에 대한 이해를 제공하는 것이다. 우리는 보일·샤를의 법칙이 기체분자운동론으로부터 도출될 수 있다는 것은 알고 있지만 여전히 왜 그 법칙이 참인지를 이해하지 못할 수 있다. 기체분자운동론은 우리가 알지 못하는 근본 가정들에 의존하고 있다. 예를 들어, 그 이론은 "기체 분자는 질량을 갖지만, 부피를 갖지 않는다", "기체 분자는 서로 힘을 교환하지 않는다"와 같은 근본 가정들을 갖는다. 여기서 중요한 점은 그런 근본 가정들은 과학적으로 설명하기 어려운, 그래서 우리가 수용할 수밖에 없는 '주어진 사실들'(given facts)을 표현한다는 점이다. 과학이 아무리 발전하더라도 거기에는 항상 그런 주어진 사실들이 있기 마련이다. 예를 들어, 현대물리학의 최상의 이론으로 인정받고 있는 양자역학은 물리계에서 발생하는 현상을 파동으로 보는데, 여기서 "물리 현상은 파동이다"라는 근본 가정은 양자역학이나 다른 과학 이론으로도 설명될 수 없는 기본 사실을 담고 있다.

과학의 목적은 세계를 이해하는 것이고 그런 이해는 일종의 체계적인 해석 작업이므로 과학적 탐구가 제대로 수행되기 위해서는 주어진 사실에 관한 근본 가정들이 필요하기 마련이다. 이런 점에서 설명은 주어진 사실들을 설명적 통합을 통해 줄여나가는 과정으로 볼 수 있다.

다시, 기체분자운동론을 살펴보자. 그 이론은 보일·샤를의 법칙뿐만 아니라 기체의 확산 속도를 분자량과 관련시키는 그레이엄의 법칙 (Graham's law)을 도출하는 데도 활용될 수 있다. 이제 보일·샤를의 법칙, 그레이엄의 법칙, 기체분자운동론이 각기 규정하는 세 가지 주어진 사실이 있는 것이 아니라 그것들이 모두 기체분자운동론을 따른다는 하나의 주어진 사실만이 있게 된다.

　설명은 종종 이제까지 설명되지 않은 특정 현상이 더 일반적인 현상의 사례라는 것을 보여준다. 과학사에서 등장했던 좋은 이론들, 예를 들어 다윈의 진화론은 초기 단계에서는 새로운 예측을 그다지 많이 제시하지 못했지만 당시 과학자들로부터 지지를 받았는데 그 주된 이유는 그것이 앞으로 더 많은 현상을 통합적으로 설명할 것으로 생각되었기 때문이었다. 뉴턴 이론이 등장하기 이전에는 갈릴레오 법칙과 케플러법칙 등이 있었는데, 뉴턴 이론은 세 가지 운동 법칙과 만유인력 법칙을 통해 이전의 법칙들이 설명하는 현상들을 모두 설명할 수 있었다. 여기서 볼 수 있듯이, 통합은 설명을 위한 필요조건이다. 이는 곧 통합이 없는 도출은 좋은 설명이 될 수 없다는 것을 말한다.

　설명의 본질은 주어진 사실의 수를 줄이는 데 있다. 그러므로 특정 이론을 통해 자연에 대한 우리의 이해가 증가했다는 것은 그 이론이 기존 지식에 추가되어 궁극적으로 독립적인 법칙들의 수가 감소했다는 것, 즉 주어진 사실들의 수가 감소했다는 것을 의미한다. 이처럼 설명의 본질은 주어진 것의 수를 줄임으로써 세계에 대한 더 통합적인 이해를 제공하는 데 있다. 설명 모형은 설명이 어떻게 그런 이해를 낳는지를 구체적으로 보여야 한다. 여기서 주어진 사실들의 수를 줄인다는 것은 법칙이나 이론을 통해 그것들을 하나의 범주로 통합한다는 것을 의미한다.

5.2 논증 패턴과 통합력

논증 패턴

통합적 설명 모형에 따르면 설명이란 통합을 통해 세계에 대한 우리의 이해를 증가시키는 활동이다. 프리드먼은 통합은 근본적으로 주어진 사실들의 수를 줄이는 것이라고 주장함으로써 설명과 통합을 연결했다. 키처는 설명의 필요조건이 통합이라는 프리드먼의 주장에 동의하지만 통합이 이루어지는 구체적 과정에 대해서는 그와 의견을 달리한다. 프리드먼과 키처의 이론은 다음과 같은 공통점과 차이점을 갖는다.

- 공통점: 설명은 도출을 기반으로 하지만, 도출이 곧 설명은 아니다. 도출로서의 설명이 진정한 설명이 되려면 관련된 여러 가지 현상을 통합해야 한다.

- 차이점:
프리드먼 – 자연에 관한 이해는 적은 수의 주어진 사실을 이용하여 더 많은 현상을 통합함으로써 증가한다.
키처 – 자연에 관한 이해는 적은 수의 논증 패턴(argument pattern)을 사용하여 더 많은 현상을 통합함으로써 증가한다.

여기서 볼 수 있듯이 키처의 이론은 프리드먼이 강조한 '주어진 사실' 대신 '논증 패턴' 개념을 도입하는 데 있다. 이제 논증 패턴이 무엇을 의미하는지를 살펴보기로 하자. 논증 패턴은 일상어로 된 논증을 구성하는 표현 중 일부가 기호로 대체된 것이다. 논증 패턴이 어떻게 구성되는가를 보기 위해 다음과 같은 일상어로 표현된 논증을 살펴보자.

〈논증 1〉

a. 인간은 신체적 손상을 입으면 고통을 경험하는 경향이 있다.

b. 인간은 고통을 경험하면 비명을 지르는 경향이 있다.

c. 인간인 철수는 신체적 손상을 입었다.

d. 철수는 비명을 지른다.

이제 〈논증 1〉로부터 다음과 같은 순서로 논증 패턴이 구성된다. 첫째, 일상어로 된 표현 중 일부를 기호로 대체한다. 여기서 우리는 〈논증 1〉에 나타난 모든 일상어 표현을 기호로 대체할 수 있지만, 그렇게 기호로 구성된 논증 패턴은 설명하는 데 크게 도움이 되지 못한다. 그러므로 〈논증 1〉을 구성하는 표현 중 일부만을 기호로 대체하기로 하자. 그 결과, 예를 들어, 다음과 같은 **도식적 논증**(schematic argument)이 나타난다.

〈도식적 논증〉

a′. S는 신체적 손상을 입으면 고통을 경험하는 경향이 있다.

b′. S는 고통을 경험하면 R을 하는 경향이 있다.

c′. S의 원소인 p는 신체적 손상을 입었다.

d′. p는 R을 한다.

둘째, 도식적 논증의 논리적 구조를 알려주는 **분류**(classification)를 제시한다. 여기서 분류는 구체적으로 무엇이 전제인지, 무엇으로부터 무엇이 추론되는지, 어떤 추론 규칙이 사용되는지를 알려준다. 예를 들어, 위의 도식적 논증에 대해 다음과 같은 분류가 제시될 수 있다.

〈분류〉

a′, b′ c′ 는 전제이다.

d′ 는 r의 확률로 전제로부터 추론된다.

사용된 추론 규칙은 통계적 삼단논법, 전건긍정 규칙, 보편 사례화 규칙이다.

셋째, 도식적 논증으로부터 논증을 유도하기 위해 **대체 지침**(filling instruction)이 제공된다. 대체 지침은 여러 가지 방식으로 구성될 수 있다. 예를 들어, 우리의 예에서 그것은 다음과 같이 구성될 수 있다.

〈대체 지침〉

'S' 를 '인간' 으로 대체하라.

'R' 을 '비명 지름' 으로 대체하라

'p' 를 S의 한 사례의 이름으로 대체하라.

논증 패턴은 도식적 논증(SA), 분류(C), 대체 지침(FI)으로 이루어진다. 논증 패턴을 구성하는 그 세 가지 요소는 해당 패턴이 '얼마나 많은' 논증을 생성할 것인지, '어떤 종류' 의 논증을 생성할 것인지에 대해 결정적 영향을 미친다. 예를 들어, 다음과 같은 〈대체 지침*〉이 사용된다고 하자.

〈대체 지침*〉

'S' 를 '지각할 수 있는 유기체' 로 대체하라.

'R'을 '부자연스러운 행동'으로 대체하라

'p'를 S의 한 사례의 이름으로 대체하라.

이제 새로운 논증 패턴 〈SA, C, FI*〉는 신체적 손상에 대한 인간적인 비명 지름에 대한 논증뿐만 아니라 인간을 포함한 유기체의 신체적 손상에 대한 고통 반응에 대한 논증을 산출할 수 있다. 이런 점은 도식적 논증과 분류에도 해당한다. 주어진 것과는 다른 도식적 논증이나 분류가 주어지면 해당 논증 패턴은 다른 논증을 산출할 것이다. 이처럼 논증 패턴에서 어떤 도식적 논증, 분류, 대체 지침을 선택할 것인가는 통합에 큰 영향을 미치게 된다.

통합력

통합적 설명 모형이 주장하는 통합력을 검토하기 위해 먼저 그것과 관련된 몇 가지 개념을 살펴보기로 하자.

- K : 특정 시기에 과학 공동체가 수용하는 진술들의 집합
- G : 논증 패턴들의 집합
- E(K) : K를 최대로 체계화하는 구체적 논증들의 집합

특정 시기에 과학 공동체가 공유하는 지식의 총체인 K는 다르게 통합될 수 있다. 예를 들어, 물리학 분야의 경우 K는 뉴턴 이론, 상대성 이론, 양자역학에 따라 다르게 통합된다. 현재 K를 최대로 통합하는 물리학 이론은 양자역학이므로 양자역학은 물리학의 E(K)이다. 통합적 설명 모형에서 체계화의 기준은 통합이므로 E(K)는 K를 최대로 통합하는 논증들의 집합이다. 일반적으로 E(K)는 구체적 이론이다.

$E(K)$로서의 이론은 여러 가지 논증 패턴을 사용할 수 있다. 예를 들어, 슈뢰딩거방정식이나 디랙방정식은 양자역학의 중요한 논증 패턴이다.

K의 체계화, 즉 통합이 여러 가지 방식으로 수행될 수 있으므로 통합의 결과를 평가하는 분명한 기준이 필요하다. 앞에서 보았듯이 G의 원소들, 즉 논증 패턴은 여러 가지 논증들을 산출할 수 있으므로, K를 최대로 통합하는 이론인 $E(K)$를 찾는 일은 실제로 $E(K)$를 구성하는 구체적 논증들을 낳는 논증 패턴들의 집합 G를 찾는 일이다.

어떤 G가 $E(K)$를 산출하는가? 이 질문에 대해 우리는 직관적으로 "그런 G는 최소의 논증 패턴을 사용하여 최대의 논증을 산출한다"라고 대답할 수 있다. 이런 직관은 $E(K)$가 K를 최대한 통합한다는 점을 전제로 하고 있다. 이제 우리는 위의 직관을 살려 G의 통합력을 평가하는 두 가지 원리를 제시할 수 있다.

- **원리 1**: G와 G^*의 크기가 같고, G가 산출하는 논증들로부터 나오는 결론의 수가 G^*가 산출하는 논증들로부터 나오는 결론의 수보다 적다면, G는 $E(K)$를 산출하지 못한다. 즉, G의 통합력은 그것이 산출하는 논증으로부터 나오는 결론의 수에 비례한다.

- **원리 2**: G와 G^*가 산출하는 논증들로부터 나오는 결론의 수가 같고, G가 G^*보다 크다면, G는 $E(K)$를 산출하지 못한다. 즉, G의 통합력은 그것의 원소인 논증 패턴의 수에 반비례한다.

우리는 위의 두 가지 원리를 종합하여 다음과 같이 통합력 원리를 표현할 수 있다.

- G의 통합력은 그것이 산출하는 논증들로부터 나오는 결론의 수에 비례하고, 그것의 원소인 논증 패턴의 수에 반비례한다.

우리는 지금까지 통합적 설명 모형의 핵심 내용을 살펴보았다. 우리는 과학사에서 위에서 제시된 통합력 원리를 충족하는 여러 가지 이론들을 찾아볼 수 있다. 가장 좋은 예는 뉴턴 이론이다. 뉴턴 이론은 운동방정식과 같은 하나의 논증 패턴이 반복적으로 사용되어 다양한 논증을 산출할 수 있다. 예를 들어, 운동방정식은 탑에서 자유낙하 중인 물체의 운동, 대포에서 발사된 포탄의 운동, 진자의 운동 등에 적용된다. 이런 적용을 통해 뉴턴 이론은 '최소의 논증 패턴과 최대의 결론' 이라는 통합력 원리를 충족한다.

5.3 설명의 무관성과 비대칭성

통합적 설명 모형은 설명을 일반법칙 아래 현상의 포괄이라고 보는 헴펠의 통찰을 수용했다는 점에서 그것의 출발점은 포괄법칙 모형이다. 이 점에서 통합적 설명 모형과 포괄법칙 모형은 공통으로 연역적 구조를 갖지만 거기에서 산출되는 설명에는 차이가 있다. 포괄법칙 모형에서 설명은 통합적이지 않다. 즉, 일반법칙과 초기조건에서 피설명항이 도출될 때 사용되는 논증이 다른 설명에서는 작동하지 않을 수 있다. 이에 비해 통합적 설명 모형은 소수의 동일한 논증 패턴을 반복적으로 사용하여 다수의 현상을 설명하므로 특정 피설명항을 도출할 때 사용된 논증 패턴은 다른 설명에서 사용될 수 있다.

포괄법칙 모형에 대해 제기된 여러 가지 반례들은 포괄법칙 모형의 비통합적 성격과 관련되어 있으며, 통합적 설명 모형은 그 반례들을 성공적으로 해결할 수 있다. 이를 보기 위해 설명의 무관성 문제와 설명의 비대칭성 문제를 차례로 살펴보기로 하자.

설명의 무관성 문제

설명의 무관성 문제를 보기 위해 2장에서 논의된 피임약 사례를 살펴보자. 남자인 덕수가 임신하지 않은 이유를 설명하기 위해 우리는 다음과 같은 논증을 제시할 수 있다.

〈논증 1〉
남자는 임신하지 않는다.
덕수는 남자이다.
덕수는 매일 피임약을 복용하지 않는다.
그러므로 덕수는 임신하지 않는다.

이제 또 다른 남자인 철수가 임신하지 않은 이유를 설명하기 위해 다음과 같은 논증을 제시한다고 가정해 보자.

〈논증 2〉
피임약을 매일 복용한 남자는 임신하지 않는다.
철수는 남자이다.
철수는 피임약을 매일 복용한다.
그러므로 철수는 임신하지 않는다.

〈논증 2〉는 "왜 철수가 임신하지 않는가?"라는 질문에 대한 좋은 설명이 되기 어렵다. 만약 우리가 그것을 좋은 설명이라고 인정하면 즉시

곤란한 문제가 발생한다. 그것은 왜 피임약을 매일 복용하지 않은 남자인 덕수가 임신하지 않는가를 설명할 수 없다.

왜 이런 문제가 발생하는가? 〈논증 1〉은 여성과 남성의 임신 가능성에 대한 과학적 지식에 기반을 둔 논증 패턴에서 산출되었기 때문에 설명적 통합력을 갖지만 〈논증 2〉는 그렇지 못하기 때문이다. 〈논증 1〉을 산출한 논증 패턴은 덕수뿐만 아니라 철수가 임신하지 않은 이유도 설명할 수 있는 논증을 산출할 수 있다. 이에 비해 〈논증 2〉를 산출한 논증 패턴은 철수가 임신하지 이유를 설명할 수 있지만, 덕수가 임신하지 않은 이유를 설명할 수 있는 논증을 산출하지 못한다. 〈논증 1〉의 논증 패턴이 두 개의 결론을 도출하는 데 비해 〈논증 2〉의 논증 패턴은 오직 하나의 결론만을 도출한다. 그러므로 (원리 1)에 위반되었다. (원리 1)에 따르면, 통합력은, 사용된 논증 패턴의 수가 같은 경우, 그것이 낳은 논증들로부터 도출되는 결론의 수에 비례한다. 이는 곧 〈논증 2〉의 논증 패턴을 산출하는 G는 E(K)를 산출하지 못한다는 점과 더불어 통합력이 상대적으로 낮다는 점을 의미한다.

설명의 비대칭성 문제

포괄법칙 모형에 대해 제기된 또 다른 심각한 반례는 설명의 비대칭성 문제이다. 다시 2장에서 제시된 깃대 사례를 생각해 보자.

〈논증 3〉

깃대의 높이가 12.11미터이다.

태양의 고도는 60°이다.

그러므로 그림자의 길이는 7미터이다.

〈논증 3〉은 "왜 깃대 그림자의 길이가 7미터인가?"라는 질문에 대한 좋은 설명을 제공한다. 그것은 헴펠이 제시한 설명의 논리적 구조를 지니고 있으며 네 가지 적합성 조건을 모두 충족한다. 이제 〈논증 4〉를 살펴보자.

〈논증 4〉
깃대 그림자의 길이가 7미터이다.
태양의 고도는 $60°$이다.
그러므로 깃대의 높이는 12.11미터이다.

〈논증 4〉도 헴펠이 제시한 설명의 논리적 구조를 갖추고 있으며 네 가지 적합성 조건을 충족하지만, 〈논증 3〉과 달리 "왜 깃대의 높이가 12.11미터인가?"라는 질문에 대한 좋은 설명이 될 수 없다. 그 두 가지 논증은 논리적 구조가 동일하다. 즉, 그것들의 논증 패턴은 동일한 논리적 구조를 갖지만, 〈논증 3〉의 논증 패턴은 좋은 설명을 제공하고, 〈논증 4〉의 논증 패턴은 좋은 설명을 제공하지 못한다. 여기에 설명의 비대칭성 문제가 나타난다.

왜 〈논증 3〉의 도출은 설명력을 갖지만, 〈논증 4〉의 도출은 설명력을 갖지 못하는가? 〈논증 3〉은 세계에 존재하는 다양한 대상들, 예를 들어 태양, 지구, 강, 동물, 식물 등과 같은 자연물뿐만 아니라 우주선, 자동차, 컴퓨터, 건물, 깃대와 같은 인공물의 기원(origin) 및 기원 이후 현재에 이르기까지 발생한 발전에 관한 지식에 기반을 두고 있다. 이처럼 설명 대상의 기원 및 발전에 기반을 둔 논증을 낳는 논증 패턴을 기원·발전 패턴(origin and development pattern)이라고 한다. 이제 "왜 깃대의 높이가 12.11미터인가?"라는 질문에 대한 기원·발전 패턴은 깃

대 설계자의 의도뿐만 아니라 깃대를 구성하는 물리적 조건, 깃대가 세
워진 시점부터 현재에 이르는 발전 과정을 설명항으로 사용하는 논증
을 산출한다.

이제 깃대의 높이를 설명하기 위해 기원·발전 패턴뿐만 아니라 〈논
증 4〉를 낳는 논증 패턴을 G에 추가했다고 가정해 보자. 이 경우 논증
패턴의 수는 증가하지만, 그것으로부터 어떤 새로운 결론도 유도되지
않는다. 그 결과 도출된 결론의 수는 같지만 논증 패턴의 수는 증가하
므로, (원리 2)에 위반된다. 이번에는 다시 기원·발전 패턴을 〈논증 4〉
를 낳는 논증 패턴으로 대체했다고 가정해 보자. 이 경우 설명에 사용
된 논증 패턴의 수는 같지만 논증 패턴들이 낳는 논증으로부터 나오는
결론의 수는 줄어들기 때문에 (원리 1)에 위반된다. 이처럼 통합적 설
명 모형은 설명의 무관성 문제와 설명의 비대칭성 문제를 통합력의 원
리를 통해 해결한다.

5.4 비판적 논의

세계의 통합성

이제 통합적 설명 모형이 안고 있는 문제를 검토해 보기로 하자. 통
합적 설명 모형이 성립하기 위해서는 세계가 실제로 설명적으로 통합
되어 있어야 할 것이다. 그러나 세계가 진정 통합되어 있는가? 통합적
설명 모형에 대한 비판에 따르면, 통합적 설명 모형의 지지자들은 통합
된 세계라는 관점에서 현상을 보기 때문에 모든 현상이 설명적으로 연
관되어 있다고 생각한다. 특히 그들은 인과적 현상들이 설명적으로 연
관되어 있다고 생각한다. 그러나 만약 세계가 통합되어 있지 않다면,
인과적으로 연관된 현상들은 설명되지 못하고 통합적 설명이 제시하는

세계의 설명적 구조는 인과적 구조를 드러내지 못하게 된다.

통합적 설명 모형에 대한 비판은 구체적으로 다음과 같이 조건문으로 표현될 수 있다.

- 만약 세계가 설명적으로 통합되어 있지 않다면, 특정 현상에 인과적으로 연관된 요인들이 설명항에 포함되지 않을 가능성이 있다.

위의 비판에 대해 키처는 조건문의 전건을 부정함으로써 비판을 벗어나고자 한다. 즉 그는 세계가 실제로 통합되어 있다고 주장함으로써 통합적 설명에서 현상과 연관된 인과적 요인들이 무시될 가능성을 부정한다. 즉, 키처의 주장은 다음과 같이 정리될 수 있다.

- 만약 세계가 설명적으로 통합되어 있다면, 인과적 구조는 설명적 구조에서 파생한다.

그러므로 논쟁의 핵심은 세계의 통합성이다. 통합적 설명 모형은 설명이 세계에 대한 참인 진술들을 통합한다는 주장을 바탕으로 인과적 구조는 통합적 설명이 제시하는 설명적 구조에 기반한다고 주장한다. 통합적 모형이 인과 메커니즘적 모형과 충돌하는 주된 이유는 후자의 주장, 즉 인과적 구조는 설명적 구조에서 파생한다는 주장 때문이다. 그러므로 세계가 설명적으로 통합되어 있지 않다는 점을 보여주는 독립적 논증이 없다면, 첫째 조건문은 통합적 설명 모형에 대한 강력한 비판이 되기는 어려울 것이다.

시간적 비대칭성

이제 통합적 설명 모형의 강력한 경쟁 이론인 인과적 설명 모형의 관점에서 제기되는 비판을 살펴보자. 인과적 설명 모형을 지지하는 우드워드(J. Woodward)는 통합적 설명 모형이 다음과 같은 두 가지 이유로 적절한 설명 모형이 될 수 없다고 주장한다.

첫째, 통합적 설명 모형은 설명의 비대칭성 문제를 제대로 해명하지 못한다. 그 이유를 보기 위해 시간 t에서의 입자의 속도와 위치에 관한 정보로부터 시간 (t−1)에서의 해당 입자의 운동을 역행적으로 도출하는 설명을 생각해 보자. 예를 들어, 과학자들은 지구의 현재 상태를 토대로 30억 년 전 지구의 상태를 설명해 왔다. 과학에는 순행적 도출에 버금가는 역행적 도출이 많이 활용되고 있으므로, 통합적 설명 모형에 따르면 역행적 도출을 낳은 논증 패턴은 순행적 도출을 낳는 논증 패턴과 마찬가지로 현재 수용된 과학적 지식 체계 K에 통합된 것으로 보아야 한다.

우리는 앞에서 통합적 설명 모형이 깃대 사례를 통해 설명의 비대칭성의 한 가지 유형을 만족스럽게 해결한 것을 보았다. 깃대 사례에서 발생하는 비대칭성은 **도출 방향**에서 나타나는 비대칭성인 데 비해 우드워드가 제기한 비대칭성은 **시간 방향**에서 나타나는 비대칭성이다. 전자를 도출적 비대칭성이라고 하고 후자를 시간적 비대칭성이라고 하자. 이제 우드워드가 제기한 비판의 요지는 시간적 비대칭성을 보여주는 역행적 도출은 과학적 설명으로 인정받고 있지만 통합적 설명 모형은 그 이유를 제대로 해명할 수 없다는 것이다.

키처를 비롯한 통합적 설명 모형의 지지자들은 시간적 비대칭성의 문제를 다루지 않았다는 점에서 우드워드의 비판은 나름 타당하다. 그러나 우리는 통합적 설명 모형의 지지자들이 시간적 비대칭성을 해결하지 못하거나, 또는 더 구체적으로 시간적 비대칭성을 깃대 사례에서 나타나는 도출적 비대칭성과 동일하다고 볼 필요는 없다. 다시 말하면 도출적 비대칭성에 의한 설명은 통합적이지 않지만, 시간적 비대칭성에 의한 설명은 통합적일 수 있다. 이런 주장이 통합적 설명 모형과 논리적으로 충돌하지 않는다. 통합적 설명 모형의 지지자들은 통합력의 원리에 시간적 요소를 도입하여 역행적 도출에 의한 설명의 통합력을 평가할 수 있다.

인과 개념의 적절성

둘째, 우드워드는 통합적 설명 모형은 인과관계를 제대로 설명하지 못한다고 비판한다. 앞에서 보았듯이, 통합적 설명 모형의 핵심은 **기술적 경제성**(descriptive economy)이다. 즉, 그 모형은 최소의 논증 패턴을 사용하여 최대의 피설명항을 도출하는 것을 목표로 한다. 그러나 우드워드는 설명에서 기술적 경제성이 중요하지만, 통합적 설명은 인과관계에 대한 정보를 제공하지 못할 수 있다고 지적한다. 예를 들어, 우리는 "Y는 북극곰이다"라는 사실을 알게 되면, 다음과 같은 논증 패턴으로부터 Y에 관한 많은 성질을 도출할 수 있다.

모든 북극곰은 하얀 털을 갖고 있다.
Y는 북극곰이다.
그러므로 Y는 하얗다.

그러나 우드워드는 이런 도출은 설명력을 갖지 못한다고 주장한다. 왜냐하면, 그것은 Y가 하얀 털을 갖게 된 원인이나 인과적 메커니즘에 대해 어떤 것도 알려주지 못하기 때문이다.

우드워드가 제기한 두 번째 비판의 요지는 통합적 설명 모형은 인과를 고려하지 않기 때문에 적절한 설명 이론이 될 수 없다는 것이다. 그러나 이런 비판은 통합적 모형이 나타나게 된 역사적 배경을 간과하고 있다. 통합적 모형은 인과 메커니즘적 모형 이후에 등장했다. 이 사실은 통합적 설명 모형이 인과를 핵심 요소로 간주하지 않은 중요한 이유가 있다는 점을 보여준다.

키처는 인과에 관한 흄(D. Hume)의 이론에 기반하여 인과관계나 인과적 메커니즘이 설명의 초점이 될 수 없다고 본다. 흄은 인과관계는 직접 경험될 수 없다고 주장했다. 흄이 주장한 것처럼 인과가 경험으로 확인 불가능하다면 그것에 기반을 두고 있는 인과적 모형은 적어도 경험적 타당성을 잃게 될 것이다. 이런 이유로 키처는 설명이 인과가 아니라 경험적으로 구성된 법칙에 기반을 두어야 한다고 주장한다. 이제 "사건 C가 사건 E의 원인이라는 것은 무엇을 의미하는가?"라는 질문은 "왜 E가 발생했는가?"라는 질문에 대한 올바른 답변 안에 포함되어 있다. 바꿔 말하면, 통합적 설명은 우리가 통상적으로 '인과'라고 부르는 것에 대한 설명을 포함한다. 이런 점에서 통합적 설명 모형에서 나타나는 세계 구조가 근본적이고, 인과는 그것으로부터 파생한다.

인과의 본성에 대한 다양한 이론이 경쟁하고 있고 그중 어떤 것도 주도적 지위를 차지하지 못하고 있다는 점을 고려할 때, 키처가 통합적 설명 모형을 통해 보여준 인과 개념이 인과적 모형이 전제하는 인과 개념과 다르다는 이유로 그것에 기반을 둔 설명 모형이 적절치 못하다고 주장할 수는 없다.

더 읽을거리

통합적 설명 모형에 관한 논의는 다음 논문들을 보면 된다. 특히 키처의 1989년 논문은 통합적 설명 모형뿐만 아니라 인과적 모형과 화용론적 모형을 포괄적으로 분석하고 있다.

Friedman, M. (1974), "Explanation and Scientific Understanding", *The Journal of Philosophy* 71(1), pp. 5-19.

Kitcher, P. (1981), "Explanatory Unification", *Philosophy of Science* 48(4), pp. 507-531.

Kitcher, P. (1989), "Explanatory Unification and the Causal Structure of the World", in *Scientific Explanation, Minnesota Studies in the Philosophy of Science*, vol. 13, ed., P. Kitcher and W. Salmon, University of Minnesota Press, pp. 410-505.

통합적 모형에 대한 주요 비판으로는 다음 연구가 대표적이다.

Strevens, M. (2009), "An Argument Against the Unification Account of Explanation", Draft.

Woodward, J. (2016), "Unificationism, Explanatory Internalism, and Autonomy", in *The Philosophy of Philip Kitcher*, ed., M. Couch and J. Pfeifer, Oxford University Press, pp. 121-152.

6

남은 문제와 전망

이 책을 마무리하는 이번 장에서는 지금까지의 논의를 정리하고 이어서 추가적 논의가 필요한 주제를 점검하고, 설명 이론이 나아갈 방향을 전망해 보기로 한다.

6.1 설명 모형의 개념적 지형도

우리가 지금까지 검토한 설명 모형들은 설명이란 무엇이고, 그것이 어떻게 구체적으로 작동하는지를 해명한다. 그러나 그 두 가지 초점, 즉 설명의 본질과 방법에 대한 해명은, 예외는 있지만, 모형마다 그 내용이 다르므로 거기서 어떤 공통점을 찾기가 매우 어렵다. 그 이유는 분명하다. 설명에 관한 철학적 논의가 본격적으로 시작된 것은 헴펠에 의해 비롯되었고, 나머지 이론들은 헴펠의 포괄법칙 모형에 대한 비판으로 시작되었기 때문이다.

이런 상황에서 나무만 보고 숲은 보지 못하는 잘못을 범하지 않기 위해 우리는 그 모형들의 공통점과 차이점을 한눈에 보여주는 개념적 지형도를 그릴 필요가 있다. 그런 개념적 지형도를 작성하기 위해 다섯 가지 모형의 경계를 그을 수 있는 기준으로 다음과 같은 두 가지 기준을 생각해 보자.

> (기준 1) 설명의 목표는 기대가능성인가 아니면 이해인가?
> (기준 2) 설명을 제시하는 데 있어 법칙, 인과, 맥락 중 어느 것을 우선시해야 하는가?

물론 위의 두 가지 기준 외에도 모형들을 구분할 수 있는 다른 기준들이 있다. 예를 들어, 이론의 단순성, 예측력, 적용 범위 등이 있다. 그런 기준들을 적용하여 설명 모형을 구분하는 것도 흥미로운 작업이겠지만 그것은 방대한 작업이 될 것이므로, 우리의 현재 논의에는 적합하지 않다.

이제 (기준 1)과 (기준 2)에 따라 다섯 가지 설명 모형을 구분해 보기로 하자. 먼저 (기준 1)을 적용해 보자. 우선 포괄법칙 모형에 따르면 설명의 목적은 기대가능성이지만 통합적 설명 모형에서 그것은 이해이다. 통계 연관적 모형에 따르면 설명의 목적은 통계적 기대가능성이지만 인과 메커니즘적 모형에 따르면 그것은 이해이다. 마지막으로 화용론적 설명 모형은 설명의 목적이 전적으로 이해에 있다고 주장함으로써 다른 이론들과 구별된다.

이제 (기준 2)를 적용해 보자. 포괄법칙 모형과 통합적 모형은 인과와 맥락보다 법칙을 우선시한다. 이에 비해 통계 연관적 모형과 인과 메커니즘적 모형은 법칙과 맥락보다 인과를 우선시한다. 여기서 통계 연관적 모형은 엄격히 말하면 '인과적' 설명 모형은 아니지만 '인과 우선'모형으로 분류하기로 한다. 그렇게 하는 데에는 두 가지 이유가 있다. 첫째, 우리는 통계적 연관성을 인과적 연관성이 드러난 것으로 볼 수 있기 때문이다. 둘째, 새먼은 실제로 그런 이해에 따라 통계 연관적 모형을 포기하고 인과 메커니즘적 모형을 개발했기 때문이다. 화용론적 모형은 전적으로 맥락을 우선시한다. 그 두 가지 기준을 적용한 결과를 정리하면 다음의 표가 성립한다.

기준 1 \ 기준 2	법칙 우선	인과 우선	맥락 우선
기대가능성	포괄법칙 모형	통계 연관적 모형	
이해	통합적 모형	인과 메커니즘적 모형	화용론적 모형

위의 표를 통해 우리는 다음과 같이 개념적 지형도의 다섯 가지 특징을 제시할 수 있다.

- 포괄법칙 모형의 대척점은 인과 메커니즘적 모형과 화용론적 모형이다.
- 통합적 모형의 대척점은 통계 연관적 모형이다.
- 통합적 모형은 법칙을 우선시한다는 점에서 포괄법칙 모형과 같은 유형에 속하지만, 이해를 강조한다는 점에서 그것과 구별된다.
- 인과적 모형은 과학의 목표를 기대가능성으로 보는 통계 연관적 모형에서 이해로 보는 인과 메커니즘적 모형으로 발전해 왔다.
- 통합적 모형, 인과 메커니즘적 모형, 화용론적 모형은 공통으로 과학의 목적을 이해로 본다.

여기서 제시된 개념적 지형도는, 다른 유형의 지형도가 그렇듯이, 설명 모형들의 상호 관계를 개략적으로 파악하는 데 도움을 주기 위해 제시되었기 때문에 완전한 것이 아니므로 앞으로 수정되고 보완될 필요가 있다.

설명 모형들에 관한 정확하고 자세한 개념적 지형도를 작성하는 것을 방해하는 장애물들이 있는데 그중 첫 번째는 핵심 개념의 모호성이다. 1장에서 지적되었듯이, 설명을 정확히 규정하기 어려운 이유는 설명과 설명이 아닌 것을 명확히 구분하기 어렵고, 설명을 촉발하는 질문의 형태(왜 질문, 어떻게 질문, 무엇 질문 등)와 설명의 대상이 다르기 때문이다.

이런 일반적 요인 외에도 정확한 지형도 작성을 어렵게 만드는 또 다른 요인이 있는데 그것은 바로 모형들이 잘 확립된 이론에 기반을 두고 있지 않다는 점이다. 예를 들어, 포괄법칙 모형과 통합적 모형은 법칙을 우선시하는데 막상 법칙의 의미에 대해서는 여러 가지 이론이 경쟁하고 있다. 물론, 후기 비트겐슈타인 철학이 주장하듯이, 철학에서 사용되는 용어들의 정확한 의미를 추구하는 것 자체가 문제가 될 수 있다. 이 점을 인정하더라도 특정 이론의 핵심 개념이 어느 정도 분명한 의미를 지녀야 한다는 것은 지극히 당연한 요청이다. 이런 당위적 요청이 충족되어야만 우리는 설명 모형이 주장하는 바를 정확히 이해할 수 있고, 모형 간 비교를 할 수 있다.

6.2 설명과 이해

설명이 이해와 밀접한 관계가 있다는 점은 분명하지만, 그것들이 정확히 어떤 관계에 있고 어떻게 구분될 수 있는지에 대해서는 의견이 엇갈

린다. 설명과 이해의 관계에 대해 우리는 다음과 같은 세 가지 문제를
생각해 볼 필요가 있다.

- 설명이 이해로 가는 유일한 통로인가?
- 설명이 반드시 이해를 동반하는가?
- 설명이 제공하는 이해는 어떤 것인가?

첫째 문제는 설명이 자연에 대한 이해로 가는 유일한 통로인가라는
것이다. 만약 설명이 이해를 위한 유일한 인식적 통로라면 설명을 통하
지 않은 이해는 불가능할 것이고, 궁극적으로 과학의 목적은 좋은 설명
을 제시하는 것으로 규정될 것이다.

이 문제와 관련하여 우리가 검토한 모형들은 모두 설명을 이해로 가
는 유일한 통로라고 본다. 물론 개별 설명 모형마다 설명의 의미와 구
조가 다르지만 설명은 자연에 대한 우리의 이해를 높이는 유일한 믿을
만한 경로로 간주되고 있다. 그러나 설명이 이해로 가는 유일한 통로라
는 점을 부정하는 견해도 있다. 예를 들어, 과학 이론의 목표를 현상이
나 법칙을 설명하는 것이 아니라 실험을 통해 구성된 법칙들을 체계적
으로 분류하고 표상하는 것으로 보는 견해가 있다. 이런 견해에 따르
면, 만약 과학 이론이 설명을 목표로 하게 되면, 인과와 같이 관찰되지
않은 이론적 실재를 가정하게 되어 궁극적으로 과학은 형이상학에 종
속되게 된다. 이런 점에서 첫째 문제는 과학의 목표와 관련되어 있다.
우리는 여기서 과학의 목표가 세계를 설명하는 것인지, 아니면 경험적
사실을 체계화하는 것인지에 대해 더 생각해 볼 필요가 있다.

둘째 문제는 설명이 항상 이해를 동반하는지에 대한 것이다. 이와 관
련하여 포괄법칙 모형과 통계 연관적 모형은 설명이 반드시 이해를 동

반하지는 않는다고 본다. 그 이유는 설명의 목표는 현상에 대한 이해가 아니라 현상의 발생에 대한 기대가능성을 제공하는 데 있기 때문이다. 이에 비해 통합적 모형, 인과 메커니즘적 모형, 화용론적 모형에 따르면, 설명은 반드시 이해를 동반해야 하며, 이해를 제공하지 못하는 설명은 좋은 설명이 될 수 없다. 첫째 문제가 과학의 목표와 관련된 데 비해 둘째 문제는 설명의 목표와 관련되어 있다.

우리는 여기서 설명의 목표가 이해를 제시하는 데 있는지 아니면 도출이나 통계적 연관성을 제시하는 데 있는지에 대해 생각해 볼 필요가 있다. 또한, 우리는 첫째 문제를 둘째 문제와 관련지어 볼 수도 있다. 예를 들어, 과학의 목표를 설명이 아니라 실험법칙들의 체계화로 본다면, 우리가 검토한 설명 모형 중 어떤 것이 허용될 수 있는지를 생각해 볼 필요가 있다.

셋째 문제는 설명이 제공하는 이해의 성격에 관한 것이다. 설명이 동반하는 이해가 전적으로 주관적인가, 아니면 주관적 차원을 넘어서는 것인가? 우리는 여기서 한 가지 중요한 점에 유의해야 한다. 즉 우리는 특정 현상에 대해 만족스러운 설명을 제공하는 것과 설명이 주관적 만족감을 동반하는 것을 구분할 필요가 있다. 전자는 설명이 만족스럽게 피설명항을 설명하느냐는 인식적 차원에서 평가된다. 그 목표를 달성한 설명은 '좋은 설명'이나 '경험적으로 적합한 설명'으로 평가된다. 이에 비해 주관적 만족감은 심리적 상태이다. 우리는 여기서 설명이 반드시 주관적 만족감을 동반하는 것은 아니지만, 그렇게 동반된 주관적 만족감이 '객관적' 이해와 무관한 것인지를 생각해 볼 필요가 있다. 이 문제는 과학의 객관성이라는 일반적 주제와 관련된다. 과학의 객관성은 종종 과학자 집단에서 성립하는 간주관성을 의미하는 것으로 사용되는데 그 경우 우리는 다시 주관적 만족감을 바탕으로 하는 이해가 간

주관적 이해로 나아갈 수 있는지를 생각해 볼 수 있다.

6.3 전망

설명 모형의 수렴

설명 모형들이 하나로 수렴될 가능성이 있는가? 앞에서 제시된 개념적 지형도에 따르면 그럴 가능성은 매우 낮다. 그러나 설명 모형들이 부분적으로 수렴될 가능성이 있다고 보는 낙관적 견해도 있다. 예를 들어 새먼은 다음과 같은 방식으로 모형 간 부분적 연결이 가능하다고 전망했다.

- 통합적 설명 모형은 포괄법칙 모형과 함께 연역주의적 모형이다. 또한, 통합적 설명 모형이 목표로 하는 세계상이 반드시 통계적 설명을 배제할 필요는 없으므로 그것은 통계 연관적 모형과 연결될 수 있다.
- 포괄법칙 모형에 대한 비판은 설명에서 인과가 일반법칙보다 더 중요한 역할을 한다는 것과 화용론적 맥락이 중요하다는 점을 강조한다. 그 비판에 따르면 인과는 맥락 의존적인데 시간이 지남에 따라 인과와 맥락에 관한 견해가 분리되면서 인과와 통계적 연관에 관한 연구는 인과 메커니즘적 이론으로 발전했다.

새먼의 분석에 따르면 설명 모형은 크게 통합적 설명 모형과 인과 메커니즘적 설명 모형으로 수렴된다. 여기서는 화용론적 설명 모형이 진정한 설명 이론의 후보에서 배제된다. 그렇다면 우리의 질문은 그 두 가지 모형이 상호 연결될 수 있는가로 바뀌게 된다.

우리는 또한 설명 모형들의 수렴과 관련하여 과연 그것이 바람직한 목표인지를 생각해 볼 필요가 있다. 모형 간 연결 가능성이 반드시 수렴 가능성을 의미하지는 않는다. 오히려 우리는 연결 가능성이 설명 모형들의 다원성을 의미하는 것으로 이해할 수도 있다. 사실 어느 한 모형이 설명의 모든 측면을 충분히 해명한다고 보기 어려우며 이 때문에 우리는 설명 모형의 다원성을 인정할 필요가 있다. 게다가 설명 모형의 다원성을 인정하는 것은 과학철학의 현재 상황을 잘 반영할 뿐만 아니라 개별 모형이 갖는 장점을 잘 살릴 수 있다는 이점도 지니게 된다.

인과적 모형의 전망

마지막으로 설명 모형이 어떤 방향으로 전개될 것인지를 전망해 보기로 하자. 현재 인과적 설명 모형과 통합적 설명 모형이 경쟁하고 있는데, 최근 들어 인과적 설명 모형이 점차 우월한 지위를 차지하고 있다. 여기에는 크게 두 가지 요인이 있다. 첫째, 인과적 설명 모형은 인과적 메커니즘에 주목하는 미시적 접근인 데 비해 통합적 모형은 세계상을 제공하는 거시적 목표를 갖고 있다. 그런데 미시적 목표를 달성하는 것이 이론적으로나 방법론적으로 더 용이하다. 둘째, 미시적 접근은 20세기 후반에 들어 급속도로 발전하고 있는 컴퓨터 및 인공지능의 발전으로 기술적으로 구현 가능하다는 장점이 있다. 통계 자료로부터 통계적 연관을 거쳐 인과관계로 나아감으로써 인과적 설명을 전산적으로 구현할 수 있는 기술적 환경이 조성되고 있다. 대규모 모집단에서 성립하는 통계적 연관으로부터 인과관계를 추리하는 베이즈망(Bayesian network) 이론이나 빅데이터로부터 상관관계를 추출하고 그로부터 다시 인과관계를 추리하려는 목표를 가진 빅데이터 기법이 그 대표적 예이다.

최근에는 인과 메커니즘적 모형 외에도 다음과 같은 인과적 설명 이론이 주목을 받고 있다. 첫째 이론은 개입과 조종을 핵심으로 하는 우드워드의 조종이론(manipulability theory)이다. 조종이론은 베이즈망에 기반을 두고 개입을 통해 인과를 설명한다. 조종이론에 따르면, 사건 C가 사건 E의 진정한 원인이라면, E에 대한 적절한 개입은 E의 변화를 일으킨다. 조종이론은 본래 인과 이론으로 제시되었지만 설명 이론으로 활용될 수 있다. 설명은 설명항에 포함된 변항이 개입을 통해 달라지면 피설명항에서 어떤 일이 발생할 것인지에 관한 정보를 제공하는 것이다. 둘째 이론은 스트레븐스의 모형(Kairetic model)이다. 스트레븐스는 새먼이나 우드워드와 마찬가지로 피설명항은 어떻게 그것이 인과적으로 산출되는지를 기술함으로써 설명된다고 본다. 스트레븐스의 모형에서 E에 대한 설명은 설명적 연관성 검사를 통과한 C로만 구성된다. 여기서 설명적 연관성 검사란 특정 사건의 발생에 차이를 낳는 요인만을 남기고 다른 것들은 배제하는 과정이다.

현재 설명에 관한 논의가 인과적 모형을 중심으로 진행되고 있지만 이런 현상이 반드시 인과적 모형이 설명에 관한 '가장 좋은' 이론이라는 점을 보증하지는 못한다. 통합적 설명 모형의 문제를 보완하려는 시도도 있고, 과학적 지식의 사회적 맥락이 연구자들의 관심을 끌게 됨에 따라 수정된 화용론적 설명 모형도 등장하고 있다.

찾아보기